AUTOPUBLICACIÓN EN AMAZON KDP EN 2023

GUÍA PARA PRINCIPIANTES PARA VENDER E-BOOKS,
AUDIOLIBROS Y LIBROS DE TAPA BLANDA EN
AMAZON, AUDIBLE Y OTRAS PLATAFORMAS

BRIAN CHESSON

ÍNDICE

INTRODUCCIÓN

Podrías estar pensando: "¡Vaya, este libro es más corto de lo que esperaba!" Pero, ¿sabes qué? Esto es completamente intencional. No quería llenarlo de palabras innecesarias y divagaciones sin sentido solo para cumplir con un número arbitrario de páginas. En lugar de eso, me he centrado en ofrecer lo esencial, llevándote del punto A al B con la máxima eficacia. ¿Por qué perder tu valioso tiempo buscando entre cientos de páginas cuando puedo proporcionarte todo el conocimiento que necesitas en menos de dos horas?

Así que, antes de juzgar este libro por su extensión, considera lo siguiente: a pesar de su brevedad, te aseguro que cada palabra está impregnada de mi sabiduría empresarial adquirida a lo largo de los años. Mi objetivo es brindarte información valiosa que puedas aplicar de inmediato.

Ahora puedo casi escuchar tu mente haciéndote estas preguntas: "¿Por qué revelas todos tus secretos? ¿Qué ganas con eso?" Bueno, permíteme decirte una verdad contundente. A lo largo de los años, he descubierto que adoptar una mentalidad de abundancia es mucho más efectiva que una de escasez. Cuando verdaderamente crees en la abundancia de recursos, atraes más hacia tu vida. Es casi como magia. Así que estoy aquí para compartir la riqueza y difundir el conocimiento a todos.

Y aquí hay un pequeño secreto dentro del secreto. Aunque comparto este libro con el mundo, en realidad es una carta de amor para mi hermano y mi primo. El modelo de negocio que estoy a punto de revelar es una verdadera joya. He probado suerte en innumerables empresas, pero siempre vuelvo a esta. Ahora quiero transmitir toda la sabiduría que he acumulado a lo largo de los años y entregártela directamente. Así que prepárate para este emocionante viaje con la mente abierta. Créeme, te espera una aventura increíble, llena de emoción en cada paso.

Es importante que tengas en cuenta dos cosas: todos los precios están en dólares estadounidenses y, para tu comodidad, todos los enlaces mencionados en el libro han sido convenientemente recopilados en una sola página al final, para que no tengas que buscarlos nuevamente.

1

EL PRINCIPIO

Imagina esto: Corría el año 2019 y me encontraba sin un céntimo después de un épico año de aventuras por Europa. Desesperado por dinero, me vi recurriendo a una actividad inusual: ver videos en YouTube. Fue entonces cuando descubrí a Stephan James, quien hablaba sobre algo llamado Kindle Direct Publishing (KDP). Según él, podías escribir libros, publicarlos en Amazon y generar ingresos pasivos.

Intrigado, me sumergí en una maratón de videos de YouTube, decidido a desmentir todo y descubrir la estafa. Sin embargo, la lógica de esos YouTubers tenía sentido y no podía rebatirla. Así que pensé: "¿Por qué no intentarlo? Si falla, solo habré perdido un poco de tiempo".

Siguiendo el consejo del Sr. James, el primer paso era escribir sobre algo que te apasionara y en lo que tuvieras un profundo conocimiento, algo sobre lo que pudieras hablar durante horas sin aburrirte. Afortunadamente, yo estaba muy metido en el tema del crecimiento y venta de cuentas de Instagram. Esa información estaba fresca en mi mente, así que me senté y escribí 10,000 palabras en una semana. Sí, lo has oído bien. Con mucho tiempo libre, escribir 2,000 palabras al día fue pan comido.

Tras completar mi obra maestra titulada *Instagram Mastery* ("Dominio de Instagram" en español), puse manos a la obra para publicarla. Usé Canva para crear la portada, la plataforma de diseño que salvó mi vida artística, y formateé el texto usando Google Docs. Con manos temblorosas, subí mis preciados archivos a KDP y esperé ansiosamente a que la magia ocurriera. Al día siguiente, mi ebook y la edición de tapa blanda estaban publicados en Amazon. Para mi alegría, ¡hice mi primera venta y gané la increíble suma de dos dólares en derechos de autor! ¡Dos dólares! Estaba en las nubes, gritando a los cuatro vientos: "¡Realmente funciona! Esto no es una estafa".

En ese momento, me fijé un objetivo ambicioso: alcanzar ingresos mensuales de 2,000 dólares. Parecía una tarea enorme que implicaría repetir el proceso muchas veces. Sin embargo, los desafíos nunca me han asustado.

Pero aquí viene el giro inesperado: no necesité escribir mil libros para alcanzar mi objetivo. Ni siquiera cien. Solo unos meses después, con apenas dos docenas de libros, ¡estaba ganando 2,000 dólares al mes! Fue una sorpresa muy grata. Cinco años más tarde, sigo avanzando en la industria editorial y ahora gano más de 10,000 dólares al mes. ¿Puedes creerlo?

Ahora, permíteme compartir algo de mi sabiduría contigo. ¿Estás listo? Prepárate. No necesitas una montaña de libros para alcanzar esa dulce marca de 2,000 dólares al mes. No, compañeros aspirantes a autores; se puede lograr con mucho menos.

Así que abróchense los cinturones, mis curiosos camaradas, porque estoy a punto de revelar cómo conquistar el mundo editorial como si tuviera que embarcarme de nuevo en este apasionante viaje.

2

AUTOPUBLICACIÓN VS. PUBLICACIÓN TRADICIONAL

En primer lugar, ¿por qué publicar de forma independiente?

¿Sabes cómo conseguir un contrato de publicación tradicional? Yo tampoco. Según lo que he oído de aquellos que lo han logrado, es un proceso largo y tedioso que puede llevarte a despreciar tu propio libro al final. Y en cuanto al dinero, es una miseria. Los autores suelen recibir alrededor del 10% de las ventas de su libro. Además, muchas veces descubren que las editoriales tradicionales no promocionan sus libros; tienes que hacerlo tú mismo.

En cambio, Amazon ofrece el 60% de los derechos de autor del libro (después del costo de impresión) y el 70% de la venta del libro electrónico. Por ejemplo, si la edición de tapa blanda de un libro se vende en 14.99 dólares, se recibiría aproximadamente 6 dólares. Para un libro electrónico de 2.99 dólares, se recibiría aproximadamente 2 dólares. (Existe una pequeña tarifa para los libros Kindle de gran tamaño que cubre el almacenamiento de archivos digitales en los servidores de Amazon. Esto significa que si tu archivo de libro electrónico es bastante pesado, especialmente con muchas imágenes, podrías recibir una regalía ligeramente menor).

Aunque las editoriales tradicionales se encarguen de la portada y el formato de tu libro, el beneficio no es tan grande. Con la autopublicación, no tienes plazos de publicación, lo que significa que nadie te está presionando y puedes trabajar a tu propio ritmo.

En los próximos capítulos, te mostraré dónde y cómo contratar a diseñadores, formateadores y otros profesionales necesarios para el proceso.

¿Debería publicar solamente en Amazon?

Sí, Amazon es el mayor mercado de libros, representando casi la mitad de todas las ventas de libros impresos y más del 70% de las ventas de ebooks. Venden en todo el mundo, incluyendo países como Canadá, Reino Unido, Australia, Japón, Alemania, Italia y muchos más. Literalmente, añaden nuevos países cada pocos meses (recientemente, vi que añadieron Polonia). Publicar en Amazon te da acceso a compradores internacionales; todo lo que tienes que hacer es subir tu libro, y ellos se encargan del resto.

Además, hay otra razón para centrarse exclusivamente en Amazon: la regla del 80/20 de Pareto. Este principio sugiere que aproximadamente el 80% de los resultados provienen del 20% de las causas o esfuerzos. Aunque la proporción puede variar (como 90/10 o 70/30), la premisa subyacente es la misma: una minoría de actividades suele generar la mayoría de los resultados. En resumen, esto significa que puedes ganar el 80% del dinero haciendo solo el 20% del trabajo. Este 20% del trabajo implica simplemente subir el libro a Amazon y pasar al siguiente proyecto. Perseguir el 20% restante de ingresos requeriría un 80% más de trabajo, una desproporción que no tiene sentido. Este principio promueve la eficiencia, alentándonos a enfocarnos en lo que realmente importa y evitar perderse en rendimientos decrecientes.

3

¿QUÉ PUBLICAR?

En mi opinión, los libros pueden clasificarse en cuatro categorías: libros sin contenido, de bajo contenido, de ficción y de no ficción.

Sin contenido

También conocidos como libros en blanco o libros vacíos, son libros que no tienen contenido predefinido. Están deliberadamente vacíos, sin líneas ni ilustraciones, ofreciendo páginas o espacios en blanco para que cada persona pueda expresar libremente sus ideas, pensamientos, dibujos o cualquier otra cosa que desee. Los diarios o cuadernos son un ejemplo perfecto de libros sin contenido.

De bajo contenido

Este tipo de libros generalmente contiene pocas palabras escritas y están diseñados para que los usuarios realicen actividades como escribir su agenda, colorear, dibujar o llevar registros. Ejemplos de estos libros incluyen agendas, libros para colorear y libros de pasatiempos.

Ficción

Son obras literarias que narran historias o relatos imaginarios creados por el autor. Estas obras no se basan en hechos o personas reales, sino que son producto de la creatividad y la imaginación del autor. Los libros de ficción abarcan una amplia gama de géneros, como romance, misterio, ciencia ficción, fantasía, ficción histórica, entre otros.

No ficción

Son obras literarias que ofrecen información objetiva o presentan hechos, ideas y conceptos reales. A diferencia de los libros de ficción, los libros de no ficción se basan en la realidad y tienen como objetivo educar, informar o explorar diversos temas. Estos libros cubren una amplia gama de temas, como historia, biografías, autoayuda, ciencia, tecnología, filosofía, política, entre otros.

Entonces, ¿qué debería publicar?

Particularmente, he probado todos ellos y, si buscas mi recomendación, te diré que optes por los libros de no ficción. Crear libros sin contenido y de bajo contenido es pan comido además de rápido, lo que facilita el comienzo, pero hacerse destacar en estos dos géneros es difícil debido a la feroz competencia.

Esto no quiere decir que no se pueda lograr, pero definitivamente es más complicado. Además, tendrías que fijar un precio más bajo, alrededor de 6.99 $, para ser competitivos. Eso significa que solo ganarías aproximadamente 2 $ en regalías por libro, dejando poco margen para la publicidad (hablaremos de esto más adelante). Además, ganar dinero se vuelve más desafiante porque necesitarías vender alrededor de cincuenta copias solo para obtener 100 $. Por otro lado, es más factible vender veinte copias de un libro diferente que genere 5 $ cada uno.

Ah, y en esta plataforma hay grandes jugadores: empresas y personas con experiencia que conocen el juego de memoria y pueden superarte fácilmente. Ellos juegan con reglas diferentes, como recuperar la inversión o incluso perder dinero en un libro, todo con el objetivo de atraer a los lectores y ganar más dinero de ellos en el futuro.

Otro punto a considerar: los libros de bajo contenido no funcionan bien como ebooks ni audiolibros, por lo que estarías perdiendo la posibilidad de ingresos adicionales.

En cuanto a los libros de ficción, es fundamental tener habilidades sólidas de escritura, lo cual, lamentablemente en mi caso, no poseo. Para abordar esto, contraté escritores fantasma para crear algunos libros para mí, y lo hicieron decentemente. Sin embargo, depender de escritores fantasma de ficción significa que estás a merced de su disponibilidad; si se van, puede ser difícil encontrar otro escritor que pueda igualar su estilo.

Otra consideración con los libros de ficción son las preferencias de lectura del público. Los lectores de ficción suelen preferir los ebooks en vez de los libros impresos, lo que resulta en regalías más bajas (alrededor de 2 $ en comparación con 5 $ o más para libros impresos). Además, definir las palabras clave (keywords) específicas con fines de marketing puede ser un desafío para los libros de ficción (algo en lo que profundizaremos en el próximo capítulo).

Por cierto, los libros de no ficción abarcan una amplia gama de géneros, como libros de cocina y libros de viajes. Sin embargo, te aconsejaría que no te aventures en esas áreas, ya que requieren imágenes a color, que pueden ser costosas de obtener, y los costos de impresión para imágenes a color son más altos que para las imágenes en blanco y negro, lo que aumenta los gastos generales y disminuye las regalías.

Así que, teniendo todo esto en cuenta, espero que hayas llegado a la misma conclusión que yo: los libros de no ficción (en blanco y negro, sin imágenes a color) son la mejor opción.

4

PALABRAS CLAVE (KEYWORDS)

¿Qué es una palabra clave?

Las palabras clave son fundamentales en la publicación de libros, ya que tienen un impacto significativo en las estrategias de marketing y en la capacidad de descubrimiento. En resumen, son palabras o frases específicas que resumen el contenido del libro y facilitan a los lectores la navegación y búsqueda entre la vasta cantidad de títulos disponibles. Actúan como señales que guían a los potenciales lectores hacia libros que coinciden con sus intereses y gustos.

Imagina a un amigo, a tus padres o a tus abuelos buscando un libro en Amazon. Lo más probable es que escriban tu palabra clave en la barra de búsqueda. A continuación, se presentan algunos ejemplos de palabras clave:

- Dieta cetogénica para mujeres
- Jardinería en un patio pequeño
- Técnicas de estiramiento para personas mayores
- Métodos de adiestramiento de cachorros
- Adivinanzas para niños

Un error común entre muchos autores es crear un libro y luego preguntarse por qué no se vende. Un factor crucial es la falta de palabras clave relevantes. Incluso el mejor libro se quedará sin ser descubierto si nadie lo puede encontrar. Por lo tanto, nuestro enfoque debe ser diferente: debemos asegurarnos de que la gente busca activamente las palabras clave que incorporamos en nuestro título, incluso antes de empezar a escribir.

¿Cómo encontrar una palabra clave?

Cuando nos adentramos en la búsqueda de las palabras clave adecuadas, es primordial comprender varios términos relacionados que nos ayudan a categorizar y entender el tema con mayor precisión.

En el nivel más amplio, nos encontramos con el concepto de "nicho". Esencialmente, un nicho es una categoría o área de interés que abarca varios subtemas. Es un abanico general bajo el cual residen temas más específicos. Los términos "nicho" y "categoría" pueden utilizarse indistintamente, y "adiestramiento de mascotas" es un ejemplo típico.

Dentro de un nicho, encontramos "subnichos". Estos nos permiten centrarnos en áreas de interés más específicas dentro de un tema más amplio. Si consideramos el "adiestramiento de mascotas" como un nicho, el "adiestramiento de gatos" sería un subnicho ilustrativo.

Al profundizar más, llegamos al "tema del libro", el nivel más específico dentro de un subnicho. Es el núcleo de su contenido, el tema concreto que explora su libro, y puede considerarse una palabra clave para su obra. Por ejemplo, "Adiestramiento con clicker para gatos" podría ser el tema del libro dentro del subnicho "adiestramiento de gatos".

Para entenderlo mejor, veamos un par de ejemplos:

Para libros relacionados con animales:

- Categoría general: Libros sobre animales

- Subcategoría: Libros sobre animales domésticos
- Sub-subcategoría: Libros sobre gatos
- Nivel específico: Libros sobre adiestramiento con clicker para gatos siameses tímidos o miedosos

Del mismo modo, en cocina:

- Categoría general: Cocina
- Subcategoría: Cocina internacional
- Sub-subcategoría: Cocina italiana
- Nivel específico: Ñoquis enrollados a mano sin gluten con salsas veganas

Estos ejemplos ilustran cómo podemos ir reduciendo progresivamente nuestro enfoque desde una categoría general hasta un tema más específico. Comprender estos niveles nos permite apuntar eficazmente a nuestro público objetivo y seleccionar las palabras clave más relevantes.

Para encontrar palabras clave relevantes, podemos empezar explorando los principales nichos de Amazon. Una forma sencilla de acceder a estos nichos es buscar "listas de libros más vendidos de Amazon" en Google y hacer clic en el primer enlace.

Una vez en la página, verá una lista de categorías en la parte izquierda. Estas categorías incluyen una amplia gama de temas, como: Arte y Fotografía, Negocios e Inversión, Educación y Referencia, Salud, Fitness y Dietas, Autoayuda y más.

Books   Advanced Search   New Releases   Best Sellers & More   Children's Books   Textbooks   Textbook Rentals   Magazines   Best Books of the Month

Amazon Best Sellers
Our most popular products based on sales. Updated hourly.

‹ Any Department

Books
 Arts & Photography
 Biographies & Memoirs
 Books on CD
 Business & Money
 Calendars
 Children's Books
 Christian Books & Bibles
 Comics & Graphic Novels
 Computers & Technology
 Cookbooks, Food & Wine
 Crafts, Hobbies & Home
 Deals in Books
 Education & Teaching
 Engineering & Transportation
 Health, Fitness & Dieting
 History
 Humor & Entertainment
 Law

Best Sellers in Books

#1

Red-Handed: How American Elites Get Rich...
-Peter Schweizer
★★★★★ 212
Hardcover
$18.71

#1 in Books (Top 100)

ASIN: 0063061147   Sold by Amazon

#2

Maus I: A Survivor's Tale: My Father Bleeds...
-Art Spiegelman
★★★★★ 1,696
Paperback
7 offers from $24.84

#2 in Books (Top 100)

ASIN: 0394747232

II

Para delimitar nuestro enfoque, debemos evitar crear un libro dentro de un nicho principal, ya que suele ser demasiado amplio y altamente competitivo. En su lugar, debemos seleccionar una categoría dentro de un nicho y profundizar en niveles más específicos. Por ejemplo, podemos optar por explorar la categoría "Manualidades, aficiones y hogar". Dentro de esa categoría, podemos profundizar aún más haciendo clic en "Artesanía y pasatiempos" y luego reducirlo aún más hasta llegar a "Fabricación de velas".

Así, en resumen, acabamos de hacer clic de la siguiente manera:

Artesanía, Pasatiempos y Hogar > Artesanía y Pasatiempos > Fabricación de Velas

(Nicho) > (Sub-nicho) > (Palabra clave)

Al explorar estos temas, te darás cuenta de que estamos profundizando en áreas muy especializadas, a menudo fuera del pensamiento convencional. Puede que te preguntes: "¿Qué público puede querer libros sobre algo tan específico como la fabricación de velas?" Sin embargo, a menudo se dice que la riqueza está en los nichos, y el público de estos temas especializados puede ser mayor de lo que te imaginas. Al centrarte en estos nichos únicos, es probable que encuentres menos competencia, lo que los convierte en objetivos ideales para identificar tus palabras clave y crear tu libro.

Aquí tienes algunos ejemplos de palabras clave que he encontrado para ti:

- Apicultura para principiantes
- Salud intestinal
- Inversión en propiedades de alquiler
- Ajedrez para niños
- Vida fuera del sistema eléctrico
- Presupuesto para estudiantes universitarios
- Negocio de camiones de comida
- Meditación para emprendedores
- Cómo hablar de cosas triviales
- Cómo hablar en público para principiantes
- Liderazgo para mujeres
- Terapia cognitivo-conductual
- Marketing en redes sociales
- Cómo leer música
- Ejercicios en casa
- Cómo ordenar tu casa

Algunos ejemplos de cómo profundizar en un nicho es agregando palabras como "para principiantes/expertos" o "para hombres/mujeres".

Por ejemplo: Dieta cetogénica > "Dieta cetogénica para principiantes" o "Dieta cetogénica para mayores" o incluso "Dieta cetogénica para mujeres de más de 50 años".

Exploremos lo que no puede considerarse una palabra clave efectiva:

- Autoayuda
- Ejercicio físico
- Dieta
- Música
- Aire libre
- Amor
- Por qué la ansiedad es un asco
- No puedo adelgazar
- Hábitos atómicos
- Piensa y hazte rico
- Secretos del dinero
- Tony Robbins
- La magia del dinero
- Magia para perder peso
- Matemáticas

Es posible que algunas de estas palabras te hayan llamado la atención como posibles palabras clave, sin embargo, entran en la categoría de ser demasiado amplias y carecen del enfoque de nicho necesario. Puede que incluso hayas reconocido algunos títulos o nombres entre ellas. Sin embargo, es crucial ser consciente de que la incorporación de nombres famosos en el título de tu libro puede dar lugar a complicaciones con las directrices de Amazon.

Rentabilidad de las palabras clave

Ahora, profundicemos en la rentabilidad de nuestras palabras clave. Es fundamental evaluar si tienen potencial para producir resultados rentables.

Para determinar esto, debemos familiarizarnos con el concepto de BSR, que significa *Best Sellers Rank* ("Ranking de los más vendidos" en español). Este valor numérico se actualiza cada hora en Amazon y sirve como indicador del rendimiento de ventas de un libro.

En esencia, un BSR de 1 significa que el libro tiene el codiciado título de ser el número uno en ventas en Amazon. Por otro lado, un BSR de 100,000 indica que el libro ocupa actualmente el puesto número 100,000 entre los más vendidos en Amazon.

Es importante tener en cuenta que existen BSR para cada formato de libro, incluidos los ebooks, los libros de tapa blanda y de tapa dura. Al evaluar la rentabilidad de una palabra clave, consideramos que los valores de BSR de 100,000 o inferiores son los más deseables.

En resumen, un BSR más bajo significa un mayor volumen de ventas y una mayor rentabilidad. Por lo tanto, al seleccionar palabras clave, es ventajoso centrarse en aquellas que tengan un BSR de 100,000 o menos en los distintos formatos de libros disponibles en Amazon.

Para ver el BSR de un libro, desplázate por la página del libro en Amazon hasta la sección de "Detalles del producto" para ver toda su información:

Product details

ASIN : B0875Z2J69

Publisher : Independently published (April 14, 2020)

Language : English

Paperback : 132 pages

ISBN-13 : 979-8637201709

Item Weight : 7.8 ounces

Dimensions : 6 x 0.33 x 9 inches

Best Sellers Rank: #39,569 in Books (See Top 100 in Books)
   #1 in Candle Making (Books)
   #2 in Business of Art Reference
   #46 in Crafts & Hobbies Reference

Customer Reviews: 4.6 ★★★★★ ˅   697 ratings

Herramientas útiles

Para ver rápidamente el **BSR** directamente desde los resultados de búsqueda de Amazon, te recomiendo descargar una extensión gratuita para Chrome llamada *DS Amazon Quick View*. Búscala en Google y haz clic en el primer enlace para instalarla.

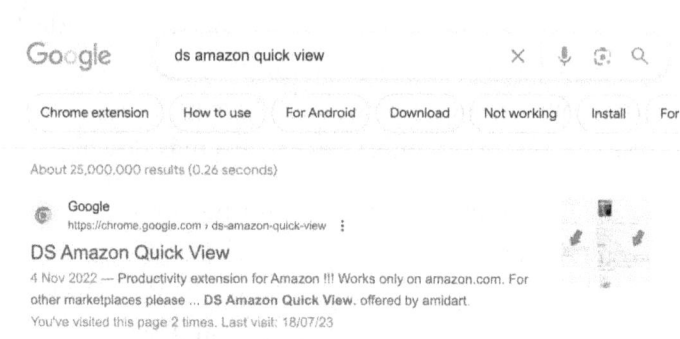

Ahora deberías ver el número **BSR** debajo de cada libro en Amazon así:

KDSpy

Otra herramienta invaluable que recomiendo ampliamente es KDSpy. No es gratuita, requiere un pago único de 69 dólares. ¿Qué es exactamente KDSpy? Es una práctica extensión de Chrome que extrae de manera eficiente datos de libros de la primera página de resultados de búsqueda y los presenta de forma organizada.

¿Por qué es tan valiosa esta herramienta? Porque proporciona una visión completa de la competencia y las cifras de ventas relacionadas con un libro, ofreciendo información extremadamente útil. Aunque es posible realizar investigaciones y evaluar la rentabilidad sin esta herramienta, puede ser un proceso largo y complicado. A veces, para obtener rápidos beneficios, es necesario invertir dinero, y KDSpy representa una inversión que vale la pena.

Al utilizar KDSpy, obtienes una ventaja significativa al agilizar tu proceso de investigación y tomar decisiones informadas con mayor facilidad. Simplifica las complejidades del análisis de mercado, permitiéndote navegar por el panorama editorial de manera más eficiente. Puedes encontrar un enlace para obtener esta herramienta al final del libro. Estas son las dos únicas herramientas que necesitarás para la investigación de palabras clave.

Análisis de los datos

Ahora veamos cómo funciona. Tomemos como ejemplo la palabra clave "Fabricación de velas". Una vez que la introduzcamos en Amazon, activaremos la extensión de Chrome y dejaremos que KDSpy haga su trabajo. En pocos segundos, obtendremos toda la información relevante sobre los libros que aparecen en la primera página de resultados.

Centremos nuestra atención en dos columnas relevantes: "Ingresos mensuales estimados (Est. Mo. Rev.)" y "Reseñas" (reviews). Es importante aclarar que la cifra de ingresos mostrada no representa la ganancia del autor, sino las ganancias generadas por Amazon. Por ejemplo, si vemos que hay ingresos destacados de 254 dólares, significa que Amazon está ganando esa cantidad, mientras que el autor suele recibir aproximadamente un tercio de ese monto, es decir, alrededor de 84 dólares.

Nuestro siguiente paso es identificar libros con 100 reseñas o menos. ¿Por qué este límite? Porque si libros con menos de 100 reseñas están generando ganancias, esto indica una mayor probabilidad de que, al crear nuestro propio libro y obtener unas cuantas reseñas (entre quince y treinta son suficientes como prueba social), también podamos alcanzar un nivel de éxito similar.

Al enfocarnos en libros que han recibido relativamente pocas reseñas, nos abrimos a la posibilidad de acceder a un mercado menos competitivo. Esto nos permite tener un impacto más significativo y generar ganancias sustanciales con nuestro propio libro, especialmente si podemos reunir algunas reseñas positivas para respaldar su promoción y credibilidad.

Qué buscar

Analicemos la palabra clave de ejemplo "Fabricación de velas". Observando libros con menos de 100 reseñas, los ingresos máximos alcanzan los 316 dólares, lo que equivale a un beneficio de 105 dólares. Preferiría ver al menos otros dos libros con un nivel similar de ingresos para reforzar mi confianza en la demanda sostenida para este tema. Si decidiera escribir un libro centrado en esta palabra clave, me sentiría seguro de que existe un mercado viable y una alta probabilidad de alcanzar el mismo éxito financiero que otros títulos similares.

Desafortunadamente, en este caso no veo una demanda tan clara para la palabra clave. Sin embargo, encontré un libro con 34 reseñas que genera 232 dólares, y otro con 102 reseñas que reporta 254 dólares. Esto sugiere que, si creamos un libro excepcional sobre fabricación de velas, podríamos esperar ganar entre 232 y 316 dólares en ingresos mensuales. Aunque no es un resultado desfavorable, considerando el esfuerzo de producción de un libro, podría no ser la opción más lucrativa. Por lo tanto, sería prudente explorar palabras clave alternativas.

Mientras continuamos nuestra búsqueda, un objetivo ideal sería una palabra clave donde al menos tres libros con menos de 100 reseñas generen un mínimo de 500 dólares en ingresos mensuales cada uno. Aunque dos libros pueden ser aceptables, cuantos más cumplan este criterio, mejor. Esto proporciona una sólida prueba de la rentabilidad de la palabra clave y aumenta nuestra confianza en la viabilidad de nuestra decisión.

Conclusión

Es fundamental asegurarse de que la palabra clave introducida esté presente en el título del libro. Esto garantiza que los resultados de búsqueda sean relevantes y mantiene la coherencia y precisión del contenido. Para verificar esto, simplemente pasa el cursor sobre el título del libro y léelo completamente. Encontrar la palabra clave en el título es una señal positiva de que estás en el camino correcto hacia el éxito.

Además, es altamente recomendable realizar estas búsquedas en una ventana de incógnito. Esto elimina posibles influencias de los datos almacenados en el navegador, permitiéndote acceder a información imparcial para tomar decisiones basadas en datos precisos.

En resumen, la pregunta clave que debes hacerte es: ¿Existen al menos tres libros con menos de 100 reseñas, cada uno ganando al menos 500 dólares y que incluyan la palabra clave en sus títulos? Si encuentras una palabra clave que cumpla con estos criterios, puedes proceder con confianza. Sin embargo, si no es así, a menos que sea tu primer libro, es aconsejable reconsiderar todo. Crear un libro que carezca de demanda o interés en el mercado solo te llevará a perder tiempo y esfuerzo, sin obtener los resultados deseados de atraer lectores y generar ventas.

Resumen del capítulo

Comprender las palabras clave

1. Reconocer la importancia de las palabras clave: Las palabras clave son términos específicos o frases que describen y categorizan el contenido de un libro, facilitando a los lectores encontrar títulos pertinentes en sus búsquedas.

2. Comprender que una palabra clave es aquello que los lectores podrían ingresar en la barra de búsqueda de Amazon. Ejemplos incluyen temas específicos como "dieta cetogénica para mujeres" o "cómo entrenar a mi cachorro".

Identificar las palabras clave

1. Identificar categorías generales, subcategorías y temas específicos: Desglosa los temas desde una categoría amplia hacia áreas específicas para dirigirte con precisión a tu público objetivo.

- Categoría general (ejemplo: cocina)
- Subcategoría (ejemplo: cocina internacional)
- Subcategoría (ejemplo: cocina italiana)
- Tema específico (ejemplo: ñoquis enrollados a mano sin gluten con salsas veganas)

2. Evita términos demasiado amplios o poco específicos: Palabras como "autoayuda" o "dieta" carecen de un enfoque suficientemente definido y de nicho.

3. Explora los principales nichos de Amazon: Comienza buscando las "listas de libros más vendidos de Amazon" y selecciona las categorías para profundizar en nichos específicos, como por ejemplo la "fabricación de velas".

Herramientas para la búsqueda de palabras clave

1. Utiliza la extensión de Chrome DS Amazon Quick View: Esta herramienta te permite ver rápidamente el BSR (Best Sellers Rank) directamente desde la página de búsqueda de Amazon.

2. Considera el uso de KDSpy: Una extensión de Chrome que extrae datos de libros para analizar la competencia y las cifras de ventas. Aunque es una herramienta de pago, puede ahorrarte tiempo y proporcionarte información valiosa.

Análisis de la rentabilidad de las palabras clave

1. Entender el BSR (Best Sellers Rank): Apunta a palabras clave con un BSR de 100,000 o menos, ya que un BSR más bajo indica un mayor volumen de ventas.

2. Buscar palabras clave con reseñas e ingresos: Enfócate en palabras clave donde los libros tengan menos de 100 reseñas pero estén generando ganancias. Busca al menos dos o tres libros con ingresos similares, preferiblemente de 500 dólares o más.

3. Verifica la relevancia de la palabra clave: Asegúrate de que la palabra clave esté presente en el título del libro para garantizar su pertinencia.

4. Usa la ventana de incógnito para búsquedas: Accede a información imparcial y sin influencias del navegador.

5. Evalúa la demanda de la palabra clave: Pregúntate: ¿Hay al menos tres libros con menos de 100 reseñas, que generen al menos 500 dólares y que incluyan la palabra clave en sus títulos? Si es así, avanza; de lo contrario, considera explorar palabras clave alternativas.

En resumen, elige sabiamente. Si una palabra clave no cumple con estos criterios, podría no ser rentable. Es crucial asegurarse de que la palabra clave seleccionada tenga demanda para evitar invertir tiempo y esfuerzo en algo que no atraerá lectores ni generará ventas.

5

REGISTRARSE EN KDP SELECT

¿Qué es KDP Select?

KDP Select es un programa de noventa días diseñado específicamente para ebooks Kindle. Al registrarte en este programa, no solo ampliarás tu alcance a través de Amazon, sino que también pondrás tu libro al alcance de los suscriptores de Kindle Unlimited. Este servicio mensual de lectura de Amazon permite a los miembros leer gratuitamente cualquier libro del catálogo, incluido el tuyo. Esta característica única aumenta tu visibilidad, pero es vital entender el compromiso que implica. Optar por KDP Select requiere que tu ebook sea exclusivo de Amazon, lo que implica que no podrás publicarlo en ningún otro sitio web. Aunque esta exclusividad maximiza las ventajas del ecosistema Kindle, al mismo tiempo limita tus opciones de distribución fuera de Amazon.

Beneficios de KDP Select

En primer lugar, los autores reciben una compensación de Amazon cada vez que tu libro es prestado y leído. Cada mes, Amazon destina una parte de las cuotas de suscripción a Kindle Unlimited al Fondo Global KDP Select, que se distribuye entre los autores cuyos libros han sido prestados y leídos. Sin embargo, es importante moderar las expectativas, ya que las ganancias de esta fuente suelen ser relativamente modestas, generalmente unos pocos dólares extra al mes.

En segundo lugar, con KDP Select, tendrás acceso a Kindle Countdown. Esta función te permite aplicar descuentos escalonados a tu libro. Por ejemplo, si tu libro tiene un precio habitual de 6.99 $, puedes ofrecerlo a 0.99 $ durante un día, a 1.99 $ al siguiente, a 2.99 $ después, y así sucesivamente hasta que expire la cuenta atrás. Las ofertas de Kindle Countdown pueden durar hasta cinco días dentro de cada período de registro de noventa días. Además, la posibilidad de que tu ebook sea gratuito durante cinco días en cada período de noventa días permite que lo vea un público más amplio. Algunas de estas personas pueden comprar la versión de tapa blanda, generándote regalías, o reclamar el ebook gratis y dejar una reseña, ambos excelentes resultados.

En tercer lugar, tendrás acceso a la herramienta de promoción de libros gratuitos. Esta herramienta te permite ofrecer tu libro gratis durante un máximo de cinco días. Cada uno de tus libros Kindle puede optar a un máximo de cinco días de promoción de libros gratuitos una vez cada noventa días. Es importante tener en cuenta que tu libro no solo es gratuito para los suscriptores de Kindle Unlimited, sino también para cualquier persona que visite el sitio web de Amazon. Aunque puedes ofrecer tu libro gratis durante cinco días consecutivos, puedes optar por dividir esos días y realizar la promoción en diferentes ocasiones. Además, tienes la flexibilidad de cancelar la promoción si cambias de opinión.

Personalmente, me gusta ofrecer mi libro en una promoción gratuita de dos días, seguida de una promoción gratuita de tres días aproximadamente un mes después. Luego, repito las promociones en el siguiente ciclo de noventa días. Vale la pena mencionar que cuando alguien descarga tu libro durante una promoción gratuita y deja una reseña, esta se clasifica como "reseña verificada", lo que tiene más peso que una "reseña no verificada". Las reseñas desempeñan un papel fundamental a la hora de proporcionar una prueba social de tu libro, indicando a los potenciales compradores que es bien recibido y estimado. Este respaldo puede aumentar el atractivo del libro, lo que se traduce en una mayor popularidad y, en consecuencia, en más ventas.

Reseña no verificada:

patrick

☆☆☆☆☆ **Keto diet resource**

Reviewed in the United States 🇺🇸 on July 14, 2023

Recipes are fairly easy to follow. Results are amazing if you follow them.

Helpful   Report

Reseña verificada:

Yesica

☆☆☆☆☆ **Bought as a gift**

Reviewed in the United States 🇺🇸 on July 13, 2023

Verified Purchase

Very nice look.

Helpful   Report

Mi opinión

¿Merece la pena registrarse en KDP Select? Personalmente, creo que sí. Aunque no tengo pruebas concretas, estoy convencido de que Amazon promociona más los libros incluidos en este programa que los que no lo están. Aunque pueden existir excepciones, tiene sentido que Amazon priorice mostrar los libros del programa a un público más amplio durante sus actividades de marketing y promoción, ya que también les beneficia.

He experimentado sacando mis libros del programa para distribuirlos a través de plataformas como Draft2Digital, que publica en sitios como Apple, Kobo, Barnes & Noble y otros. Sin embargo, los resultados fueron decepcionantes. A pesar de tener más de cincuenta ebooks disponibles en esas plataformas, solo ganaba entre 100 y 200 dólares al mes, como máximo. En otra palabras, se requería un gran esfuerzo para una recompensa mínima.

En este caso, la regla 80/20 de Pareto aplica. Es importante centrarse en las pocas acciones que producen la mayoría de los resultados. Al permanecer de forma exclusiva con Amazon y registrar tus ebooks en el programa KDP Select, puedes maximizar tu exposición y, por lo tanto, tus ganancias.

6

NOMBRE ARTÍSTICO O SEUDÓNIMO

Cuando se trata de publicar en plataformas como Amazon, tienes la libertad de elegir el nombre que desees, ya sea tu nombre real o un seudónimo.

Adoptar diferentes seudónimos para distintos géneros es una estrategia de marca importante para vender libros y fomentar la lealtad de los lectores. La marca es la esencia que atrae a los lectores, quienes esperan con entusiasmo tus próximos lanzamientos.

En mi caso, he creado meticulosamente marcas con distintos seudónimos, centradas principalmente en la educación sobre el aprendizaje de idiomas y las finanzas personales. Para mantener la integridad de cada marca y evitar cualquier confusión entre mis lectores, me abstengo deliberadamente de mezclar los dos nichos.

Consideremos al aclamado escritor Stephen King, famoso por sus apasionantes novelas de terror. Si de repente comenzara a publicar novelas románticas históricas o tutoriales de jardinería, sin duda levantaría sospechas. Esta situación ilustra por qué muchos autores consumados optan por utilizar varios seudónimos. Por ejemplo, la célebre J.K. Rowling, autora de la serie Harry Potter, publicó *The*

Cuckoo's Calling bajo el seudónimo de Robert Galbraith. Este uso estratégico de seudónimos permite a los autores mantener una clara distinción entre sus diversas actividades literarias.

Gestionar varios seudónimos en Amazon es sencillo, ya que puedes hacerlo dentro de una misma cuenta. Sin embargo, es crucial tener en cuenta que está estrictamente prohibido apropiarse del nombre de un autor famoso, como Stephen King, como seudónimo. Además, el uso de nombres o títulos como "Doctor" o "PhD" requiere verificación por parte de Amazon para garantizar la autenticidad y evitar el uso no autorizado de los mismos.

Puede que te preguntes por qué alguien elegiría tener varios seudónimos. Supón que comienzas escribiendo libros sobre finanzas, pero más tarde decides adentrarte en el mundo de la autoayuda. Personalmente, me encontré en una situación similar. Después de escribir libros sobre diversos temas, opté por usar un seudónimo único para cada uno de ellos. Esta decisión resultó ser acertada. Tras haber acumulado los correos electrónicos de los clientes de cada marca, puedo llegar de manera eficaz a los compradores anteriores cada vez que publico un nuevo libro, lo que aumenta significativamente la probabilidad de que repitan la compra. En el capítulo 17 profundizaremos en el tema de los correos electrónicos.

A la hora de elegir un seudónimo, no aconsejo esforzarse demasiado. Cinco minutos bastan para elegir uno adecuado. Opta por un nombre que te suene bien y procede con confianza. Si necesitas ayuda, un generador de seudónimos como este puede resultarte muy útil.

Dicho esto, no creo que sea estrictamente necesario crear una marca entera para tener un libro exitoso. He creado varios libros que han tenido buen desempeño sin pensar nunca en la marca. Sin embargo, estoy agradecido por las dos marcas que he creado, ya que me facilitan mucho la venta de futuros libros y la recopilación de reseñas.

7

CONCEPTO Y ESTRUCTURA DE UN LIBRO

Establecer expectativas realistas para tu primer libro es fundamental. Es importante entender lo que es poco probable que genere ganancias significativas, e incluso si existe la posibilidad de que no genere ningún ingreso. Es mejor tener pocas expectativas y llevarse una grata sorpresa que lo contrario. Sin embargo, esto no debe desanimarte, ya que es una experiencia habitual para los principiantes. Recuerda que no tienes que ser excepcional desde el principio. En lugar de eso, considéralo como una oportunidad para completar rápidamente tu primer libro y pasar a la creación de los siguientes que puedan tener potencial para generar ingresos. Adoptar esta mentalidad te aliviará en lugar de decepcionarte, permitiéndote centrarte en mejorar tus habilidades y alcanzar el éxito con tu segundo o tercer libro.

Ahora, profundicemos en la generación de ideas para tu primer libro. Para poner un ejemplo, mi primer libro giró en torno al tema del crecimiento y la venta de cuentas de Instagram. Había adquirido un año de experiencia en ese campo y poseía un profundo conocimiento del proceso. Te sugiero que sigas un enfoque similar y elijas un tema sobre el que tengas conocimientos. Puede ser una afición, como tocar un instrumento musical o practicar un deporte que te guste. También puedes explorar un tema relacionado con tu profesión. Otra idea es escribir sobre tu ciudad y compartir datos curiosos sobre ella. Además, si tienes una nacionalidad única, plantéate explorar aspectos interesantes relacionados con ella. La clave está en identificar un tema que te apasione y en el que tengas experiencia, ya que así el proceso de escritura será más ameno y atractivo.

Para inspirarte aún más, aquí tienes algunos ejemplos de libros que he encontrado en Amazon y que otros han publicado con éxito:

1. Guía para montar tu propio estudio de grabación en casa
2. Cómo cuidar a tus padres mayores
3. Guía turística de [tu ciudad]
4. Cómo salir de deudas sin aumentar tus ingresos
5. 101 maneras de viajar que transformarán tu vida
6. La magia de la cocina sin gluten
7. Deliciosas recetas para la dieta Keto
8. Cómo cultivar tus propios árboles frutales
9. Soluciones para dejar de pensar demasiado en tu relación
10. Arbitraje en Airbnb
11. Consejos universitarios para padres
12. Salud intestinal para mujeres

Espero que estos ejemplos hayan despertado algunas ideas en tu mente, ayudándote a identificar posibles temas para tu libro.

Esquema de un libro

Crear un esquema bien estructurado para tu libro es esencial para facilitar el proceso de escritura. Piensa en el esquema como el índice de tu libro, proporcionando una guía clara para el contenido. Hay varios estilos que puedes adoptar, desde unos pocos capítulos largos hasta muchos más breves y concisos. Aquí tienes el índice de mi libro *Dominio de Instagram* como ejemplo:

1. Empezar con el final en mente
2. Selección de nichos
3. Elección de un nombre de usuario
4. Foto de perfil ideal
5. Añadir estadísticas
6. Optimizar tu biografía
7. Añadir enlaces de la forma correcta
8. Cómo empezar
9. Qué publicar
10. Cómo encontrar cuentas
11. Crear fotos
12. El vídeo perfecto
13. Todo sobre las historias
14. Cuándo publicar
15. Tamaño ideal de las imágenes
16. Consistencia del feed
17. El pie de foto perfecto
18. Qué hashtags utilizar
19. Analizar las cuentas
20. Hacer crecer tu cuenta
21. Bots y software
22. Personalización
23. Cómo contactar a cuentas
24. Cómo monetizar tu cuenta
25. Cómo hacer anuncios en otras cuentas
26. Nichos extra

Estos capítulos abordan las veintiséis preguntas más frecuentes que recibí sobre Instagram. Cada pregunta se transformó en un capítulo, lo que me permitió ofrecer explicaciones detalladas. Puedes adoptar un enfoque similar para tu libro, abordando preguntas comunes o temas de interés dentro de tu temática elegida. Aquí tienes algunas alternativas para elaborar el esquema de un libro:

Mapeo mental

Comienza con una idea o tema central y desglosa en subtemas o capítulos.

Tema central: Vida sana

Subtemas:

- Nutrición
- Ejercicio físico
- Bienestar mental
- Hábitos de sueño
- Gestión del estrés
- Relaciones interpersonales

Esta estructura te permitirá abordar de manera integral todos los aspectos relacionados con la vida saludable.

Orden cronológico

Si tu libro sigue una línea temporal o un arco narrativo, organiza tu esquema en orden cronológico, esbozando los acontecimientos o hitos clave que ocurrirán a lo largo de la historia.

Libro: Historia del Antiguo Egipto

- Capítulo 1: Período predinástico
- Capítulo 2: Período dinástico temprano
- Capítulo 3: Reino antiguo
- Capítulo 4: Reino medio
- Capítulo 5: Reino nuevo
- Capítulo 6: Período tardío

Problema-solución

Identifica los principales problemas o retos que pretende abordar tu libro y preséntalos en secciones o capítulos. A continuación, cada sección puede ofrecer soluciones, ideas o estrategias relacionadas con el problema específico.

Libro: Cómo superar la procrastinación

- Sección 1: Entendiendo la procrastinación

  • Capítulo 1: La psicología de la procrastinación
  • Capítulo 2: Identificación de los factores desencadenantes de la procrastinación

- Sección 2: Estrategias para superar la procrastinación

  • Capítulo 3: Establecer objetivos y prioridades claras
  • Capítulo 4: Dividir las tareas en pasos manejables

Esta estructura organizada te permitirá explorar profundamente cada aspecto de la procrastinación y proporcionar soluciones efectivas a tus lectores.

Análisis comparativo

Si tu libro implica comparar y contrastar diferentes conceptos o ideas, estructura tu esquema en torno a estas comparaciones. Cada capítulo puede centrarse en una comparación concreta, con un análisis en profundidad y ejemplos.

Libro: Las religiones del mundo - Un estudio comparativo

- Capítulo 1: Introducción a la religión comparada
- Capítulo 2: Budismo e hinduismo: Semejanzas y diferencias
- Capítulo 3: Cristianismo e islam: Una perspectiva comparada
- Capítulo 4: Judaísmo y sijismo: Temas comparativos

Organización temática

Divide tu libro en temas generales. Cada tema se convierte en una sección y, dentro de cada sección, puedes incluir subtemas o capítulos más específicos que profundicen en la materia.

Libro: El arte de la fotografía

- Sección 1: Conceptos básicos sobre la cámara

- Capítulo 1: Entender los tipos de cámara
- Capítulo 2: Dominar la exposición

- Sección 2: Composición e iluminación

- Capítulo 3: Regla de los tercios y encuadre
- Capítulo 4: Técnicas de iluminación natural y artificial

Recuerda que estos son solo algunos ejemplos y que siempre puedes combinar o adaptar diferentes métodos para adaptarlos a tu estilo de escritura y a las necesidades específicas de tu libro. El objetivo es establecer una estructura clara y organizada que guíe tu proceso de escritura y te ayude a entregar un libro coherente y atractivo.

8

CÓMO ESCRIBIR TU PRIMER LIBRO

Tener una idea clara sobre qué escribir para tu primer libro es fundamental. Si el tema elegido incluye una palabra clave relevante, es excelente, ya que podría aumentar las posibilidades de generar ingresos. Sin embargo, incluso si no es así, no hay problema. Considera este proceso como una práctica invaluable, una oportunidad para aprender y mejorar.

El objetivo es escribir 10,000 palabras en total, con un mínimo de 1,000 palabras al día durante diez días. La clave aquí es la consistencia y la velocidad. Completar el libro lo antes posible te permitirá asimilar el proceso de escritura y avanzar rápidamente hacia tu segundo proyecto. Con cada libro que escribas, acumularás más experiencia, mejorarás tus habilidades, te volverás más eficiente y te familiarizarás mejor con todo el proceso. Es así de simple.

En mis inicios escritor, redacté nueve libros de 10,000 palabras cada uno en tres nichos diferentes. Esta práctica me proporcionó una sólida base y me ayudó a pulir detalles dentro del oficio. Asimismo, uno de esos nichos mostró resultados prometedores, por lo que decidí concentrarme en él.

Hoy en día, algunos de esos libros continúan vendiéndose, lo cual es un aspecto increíble de este modelo de negocio.

No te detengas a pensar demasiado en este paso. Simplemente, ponte a ello. Empieza a escribir sin preocuparte por la ortografía, la gramática o la estructura de las frases. Deja que tus pensamientos fluyan libremente y plásmalos en la página. Deja la minuciosa revisión para después, tras haber volcado todas tus ideas en el papel. La clave está en mantener el ritmo de escritura. Mientras las palabras fluyan, sigue escribiendo.

En mi rutina personal, cada mañana solía visitar mi cafetería favorita. Con los auriculares puestos, disfrutaba de relajantes melodías clásicas en YouTube mientras saboreaba una taza humeante de café negro. Abría un documento de Google y dedicaba noventa minutos a plasmar mis pensamientos en las páginas digitales. Durante este periodo de concentración, evitaba abrir cualquier otra pestaña del navegador. Tenía dos opciones: abrazar el silencio o aprovechar la oportunidad para dar vida a las palabras. Esta práctica intencionada se convirtió en mi secreto para alcanzar un recuento diario de 2,000 palabras.

No importa si dispones de sesenta minutos o simplemente de una modesta media hora al día, no te desesperes. Aborda tus sesiones de escritura con intención, eliminando todas las distracciones para asegurar una producción constante de unas cuantas palabras cada vez. La clave reside en mantener la constancia.

Otro método muy eficaz, aunque no lo haya probado personalmente, es el uso de la tecnología de voz a texto. Muchos autores han tenido éxito con esta técnica, utilizando aplicaciones como la herramienta de escritura por voz de Google Docs para transcribir palabras habladas en texto escrito. Algunos autores incluso salen a pasear con sus teléfonos y auriculares para dictar sus pensamientos e ideas mientras se desplazan. Si te cuesta sentarte a escribir, esta alternativa podría ser muy beneficiosa.

¿Cómo encontrar una palabra clave?

Comienza por reflexionar sobre tu propia vida, considerando tus aficiones, intereses y actividades diarias. De esta lista pueden surgir temas "prácticos", como guías sobre cómo jugar ajedrez o tocar la guitarra. Si practicas algún deporte o tienes pasiones musicales, podrías combinar estos intereses y desarrollar palabras clave como "cómo mejorar en el ajedrez" o "técnicas para aprender a tocar guitarra". Es muy probable que encuentres algo relevante durante esta exploración. Si no te resulta familiar ningún tema, considera las aficiones e intereses de tus amigos y familiares, ya que a veces sus pasiones pueden inspirar nuevas ideas. Una vez que identifiques la palabra clave adecuada, estarás listo para sumergirte en la escritura de tu libro.

9

PROCESO DE EDICIÓN

¡Enhorabuena por alcanzar un hito importante: completar las primeras 10.000 palabras (o más) de tu libro! Es un logro del que puedes sentirte orgulloso, pero aún queda trabajo por hacer antes de que esté listo para ser publicado.

La edición va más allá de corregir errores; implica remodelar y perfeccionar el manuscrito como un todo coherente. Puede que sea necesario reorganizar secciones o incluso capítulos completos para asegurar un flujo y una progresión lógica de ideas. Aunque suelo comenzar con un esquema como guía, la fase de edición a menudo requiere ajustes y reestructuraciones para garantizar una coherencia y legibilidad óptimas. Recuerda que, durante el proceso de escritura y edición, nada está escrito en piedra. Tener la flexibilidad para hacer correcciones, suprimir o añadir partes es una ventaja significativa en la autopublicación, permitiendo mejoras continuas.

Una técnica invaluable que he aprendido es la lectura en voz alta durante la edición. Aunque al principio pueda parecer suficiente revisar el texto en silencio, es durante la lectura en voz alta cuando los errores y las imperfecciones más sutiles se vuelven evidentes. Hoy en día, existen muchas herramientas en línea gratuitas que permiten pegar el texto de tus capítulos y escucharlos mientras son narrados en voz alta. Esta función auditiva facilita la identificación y corrección de errores de manera más efectiva.

Para optimizar aún más el proceso de edición, suelo utilizar la función de sugerencias de edición de Google Docs. Esta herramienta inicialmente ayuda a identificar y corregir errores y problemas básicos de coherencia. Sin embargo, para una revisión más exhaustiva y precisa, también utilizo Grammarly. Esta herramienta es más completa pues va más allá de las capacidades estándar de los procesadores de texto, ofreciendo una detección minuciosa de errores así como sugerencias de gran utilidad. Al combinar estas funciones de edición, puedo mejorar la integridad lingüística y la coherencia de mi libro, asegurando en última instancia un producto final más refinado y pulido.

10

FORMATEO DE UN LIBRO

Fuente y estilo

Para asegurar que tu libro en Amazon tenga un aspecto limpio y sea visualmente atractivo, es indispensable elegir fuentes y estilos sencillos. No todas las tipografías y estilos se adaptan bien al formato Kindle, lo que puede resultar en una presentación desordenada tras la publicación. Fuentes como Calibri o Arial son excelentes opciones para el texto, ya que mantienen la simplicidad y la claridad. Para destacar elementos importantes, utiliza herramientas básicas como negritas, cursivas y viñetas. Los títulos de los capítulos deben estar formateados como Título 1, mientras que los subtítulos como Subtítulo. Personalmente, me gusta dejar un espacio en blanco entre párrafos, con un espaciado de doce puntos entre cada párrafo; esto ayuda a tener una experiencia de lectura más cómoda.

En el mundo de la autopublicación, el uso de espacios en blanco entre párrafos es común, ya que ayuda a estructurar el contenido y facilita la lectura. Para una separación adicional y para resaltar secciones específicas, considera emplear negritas o cursivas. Se recomienda generalmente un tamaño de letra de entre 10 y 12 puntos para mantener la legibilidad y la comodidad durante la lectura.

Saltos de página

Es fundamental añadir saltos de página entre los capítulos de tu libro. Para insertar uno, simplemente coloca el cursor al final de la última palabra de la página anterior y pulsa Ctrl + Enter (Command + Return en Mac). Esto moverá el texto siguiente a una nueva página. Repite este proceso a lo largo de todo el libro según sea necesario.

Si necesitas deshacer un salto de página, posiciona el cursor al principio del texto y presiona la tecla de retroceso hasta que el texto vuelva a su página original.

Los saltos de página son esenciales ya que dan a tu libro Kindle la apariencia y la sensación de un libro impreso tradicional, evitando que el texto se amontone. Para determinar dónde colocar los saltos de página, puedes consultar un libro impreso como referencia. Normalmente, el título, el autor, los derechos de autor y el índice tienen cada uno su propia página. En algunos casos, los títulos de los capítulos también tienen su propia página, dando inicio al contenido del capítulo en la siguiente. Recuerda que este formato se aplica tanto a los archivos Kindle como a los libros de tapa blanda.

En mis libros, inserto un salto de página después de la página del título y del autor, seguido de otro después de la página de derechos de autor. El índice tiene su propia página, seguido de la introducción y los capítulos subsiguientes. Finalmente, siempre incluyo una conclusión, una página sobre el autor y una página para invitar al lector a dejar una reseña.

Tamaño del libro

Considerar las dimensiones del libro es un aspecto primordial en el proceso de formateo. Para obras de no ficción, los tamaños más comunes son 5x8 pulgadas (127x203 mm) o 6x9 pulgadas (152x229 mm), ideales por su legibilidad y portabilidad. Un libro con menos de 30,000 palabras funcionará bien con el tamaño 5x8, mientras que si tu manuscrito alcanza o supera las 30,000 palabras, el tamaño 6x9 será más adecuado.

Al profundizar en el tema del formato, te encontrarás con conceptos como los márgenes y el sangrado de página. Estos son aspectos más avanzados que no es necesario dominar de inmediato, especialmente si planeas contratar a un profesional para estas tareas. Si deseas formatear tu libro tú mismo, recomiendo el uso de software como Vellum, el cual simplifica el ajuste de estos parámetros. Vellum, por ejemplo, ofrece una amplia gama de vídeos tutoriales que guían al usuario de manera sencilla en estos aspectos técnicos.

11

CREACIÓN DE TU CUENTA KDP

KDP recibió inicialmente el nombre de Kindle por ser el formato principal en ese momento. Con el tiempo, la plataforma ha evolucionado para incluir no solo libros Kindle, sino también libros de tapa blanda y ediciones de tapa dura. A pesar de estas ampliaciones, el nombre de la plataforma se ha mantenido igual.

Una vez que tu libro esté listo para ser publicado, puedes crear tu cuenta en KDP. Es importante recordar que Amazon solo permite **una** cuenta KDP por persona según sus términos y condiciones. Crear múltiples cuentas puede llevar a la cancelación permanente de todas ellas.

Puedes usar tu cuenta de compras de Amazon para configurar tu cuenta en KDP o crear una nueva con una dirección de correo electrónico diferente.

Para comenzar, visita kdp.amazon.com/signin y haz clic en el botón amarillo "Comenzar" en la esquina superior derecha.

El proceso de configuración de tu cuenta KDP puede llevar algo de tiempo, ya que tendrás que completar varios campos con información importante, como tu número de Seguro Social (necesario para las obligaciones fiscales relacionadas con los ingresos que generes a través de Kindle) y los números de ruta de tu cuenta bancaria (para asegurar depósitos directos de tus regalías sin problemas cada mes).

Una vez que hayas completado con éxito el proceso de registro, podrás acceder al panel de control de KDP. Aquí encontrarás cuatro pestañas principales: Biblioteca, Informes, Comunidad y Marketing.

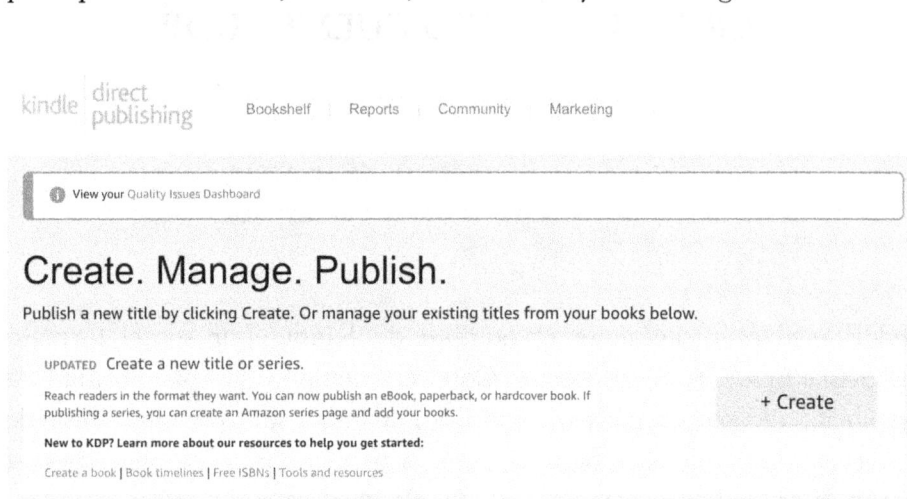

kindle direct publishing   Bookshelf | Reports | Community | Marketing

ⓘ **View your** Quality Issues Dashboard

Create. Manage. Publish.

Publish a new title by clicking Create. Or manage your existing titles from your books below.

UPDATED Create a new title or series.

Reach readers in the format they want. You can now publish an eBook, paperback, or hardcover book. If publishing a series, you can create an Amazon series page and add your books.

New to KDP? Learn more about our resources to help you get started:

Create a book | Book timelines | Free ISBNs | Tools and resources

+ Create

Biblioteca

Este es el lugar donde subirás y gestionarás tus nuevos libros. Para empezar a crear uno nuevo, haz clic en el gran botón amarillo "+ Crear". Tendrás varias opciones entre las cuales elegir: Kindle ebook, libro de tapa blanda, libro de tapa dura y series.

La función de Series te permite vincular libros dentro de una serie, facilitando a los lectores la transición de un libro al siguiente de manera fluida.

En este manual nos enfocaremos principalmente en dos tipos de libros: Kindle ebooks y libros de tapa blanda. Exploraremos estos temas más detalladamente en los capítulos catorce y quince.

Informes

La sección de Informes en tu cuenta de KDP es donde puedes monitorear tus ingresos. A finales de 2022, Amazon actualizó esta sección introduciendo nuevas opciones accesibles bajo la sección de Informes. Estas pestañas incluyen Tablero, Pedidos, Páginas leídas KENP (páginas leídas normalizadas de Kindle Edition; muestra las páginas leídas para los libros inscritos en Kindle Select), Mes a la fecha, Promociones, Pedidos anticipados y Estimador de regalías.

Una de las satisfacciones de la autopublicación es recibir el pago por tus libros. Seguir de cerca las ventas, observar cómo aumentan las cifras y ver crecer tus derechos de autor es una experiencia gratificante. Amazon ofrece dos opciones de regalías para los eBooks de Kindle: 35% o 70%. El 35% se aplica globalmente, mientras que el 70% está disponible en territorios específicos como Estados Unidos, Reino Unido y Australia, entre otros. El cálculo de los derechos varía entre las dos opciones y puede verse afectado por el IVA, precios promocionales y costos de entrega.

Para los libros de tapa blanda, Amazon se queda con el 40% y te paga el 60% después de deducir los costos de impresión. Los ingresos por derechos de autor se distribuyen dos meses después del mes en que se generaron, con un saldo mínimo requerido de 100 dólares para el pago. Los pagos generalmente se realizan mediante depósito directo a tu cuenta bancaria el último día del mes, aunque pueden haber variaciones según el país y el banco utilizado. Aunque esperar el pago puede parecer inquietante al principio, las ventas constantes y en aumento eventualmente conducen a mayores ganancias con el tiempo.

Comunidad

Dentro de la pestaña Comunidad de tu cuenta de KDP, encontrarás recursos valiosos. Estos incluyen anuncios de Amazon y foros donde los autores pueden buscar consejos y compartir conocimientos. Aunque los foros pueden parecer intimidantes para los recién llegados, leer los mensajes puede ser muy instructivo. Además, la sección de Ayuda de Amazon, accesible desde la pestaña de Comunidad, ofrece respuestas completas a las preguntas relacionadas con tu cuenta. Esta sección está repleta de tutoriales y guías de usuario que cubren todos los aspectos del sitio KDP.

Para obtener asistencia directa, en la pestaña Ayuda de la sección Comunidad encontrarás el enlace "Contáctanos", que te llevará a proveer información pertinente antes de ponerte en contacto con Amazon.

Marketing

La pestaña Marketing de tu cuenta KDP ofrece una variedad de recursos útiles:

KDP Select: Registra tus ebooks en KDP Select para acceder a oportunidades promocionales exclusivas.

Anuncios de Amazon: Accede al portal de anuncios de Amazon para implementar campañas de marketing efectivas para tus libros.

Central de autores: Gestiona tu página central de autor para monitorear tus libros, rankings de ventas y reseñas de clientes.

Contenido A+: Utiliza el contenido A+ para enriquecer las páginas de tus productos con imágenes, texto y tablas comparativas, mejorando así la experiencia de compra para los lectores.

Promociones de precios: Aprovecha Kindle Select para crear promociones como Ofertas Kindle Countdown y Libro Gratis, tanto desde la página de Biblioteca como directamente en la lista de tu libro.

Nominación para ofertas especiales: Participa en concursos y promociones especiales de Amazon nominando tus ebooks para Ofertas

Kindle, que ofrecen descuentos por tiempo limitado, o para Prime Reading, donde ciertos ebooks están disponibles de forma gratuita para los miembros Prime.

12

FORMATEO DE ARCHIVOS PARA SUBIRLOS

Hay cuatro métodos principales para formatear y preparar los archivos de tus libros antes de subirlos a la plataforma de Amazon. Estos son: formateo en Word, formateo en Kindle Create, utilizar Vellum o contratar a un formateador profesional.

Formateo en Word

Después de formatear el contenido de tu libro, puedes subirlo directamente a Amazon en formato Web Page Filtered (.DOCX). Para guardar tu libro en este formato, selecciona la opción "Guardar como" y elige la ubicación deseada en tu ordenador. Este método ofrece flexibilidad a la hora de editar y actualizar los archivos de tu libro, pero tiene capacidades de formato limitadas y puede no proporcionar una apariencia del todo profesional.

Formateo en Kindle Create

Kindle Create es un software gratuito de formateo de libros proporcionado por Amazon, compatible tanto con ebooks Kindle como con libros de tapa blanda. Para comenzar, descarga Kindle Create, abre el programa y selecciona el archivo .DOCX de tu libro para cargarlo. Kindle Create ofrece diversas funciones opcionales para mejorar tu libro, como un índice en el que se puede hacer clic en los elementos y opciones de formato para los títulos y subtítulos de los capítulos. Puedes experimentar con estas herramientas y realizar los cambios necesarios antes de publicar.

Formateo en Vellum

Vellum es un reconocido programa de formateo de libros, disponible en Vellum.com, que cuenta con gran prestigio entre los autores. Ofrece una serie de funciones avanzadas, como mayúsculas personalizadas, ornamentos, recuadros y opciones de formato para diversas plataformas. Aunque tiene un precio elevado de 199 $ como pago único (precio vigente al momento de escribir esta guía), Vellum proporciona una flexibilidad y personalización inigualables, dando a tu libro un acabado pulido y profesional comparable al de las grandes casas editoriales.

Contrata a un formateador profesional

Si el formateo te resulta abrumador, puedes contratar a un formateador profesional en plataformas de freelancers como Fiverr o Upwork. Estas plataformas ofrecen una amplia gama de servicios de formateo a distintos precios. Al contratar a un formateador, revisa los comentarios del freelancer, lee la descripción de su servicio y considera el número de revisiones que ofrece.

Asegurar que los archivos de tu libro tienen el formato adecuado es un paso crucial en el proceso de autopublicación. No te desanimes, ya que es una tarea manejable tanto si decides hacerlo tú mismo como si buscas ayuda profesional. En mi caso, he encontrado un gran valor en el uso de

Vellum. Si estás decidido a publicar y planeas hacerlo a largo plazo, merece la pena invertir en Vellum y dominarlo, ya que acelera considerablemente el proceso de publicación, eliminando la necesidad de intercambiar correcciones con freelancers durante el formateo. Además, a largo plazo, resulta ser una solución rentable. Vale la pena señalar que Vellum está disponible exclusivamente para usuarios de Mac, aunque puedes acceder a él en un PC a través de la nube.

13

CREACIÓN DE LA PORTADA

Cuando se trata de vender libros en Amazon, es necesario resaltar la importancia de las portadas. Al contrario de lo que comúnmente se dice, los lectores sí juzgan un libro por su portada y toman decisiones de compra basadas en su atractivo visual. Dado que la portada es la primera impresión que tienen los potenciales lectores, su diseño es fundamental.

En este capítulo, exploraremos varios métodos para crear portadas de libros adecuadas tanto para el formato Kindle como para el de tapa blanda: diseñar tus propias portadas utilizando software de diseño gráfico, contratar a un diseñador profesional, o recurrir a una empresa de diseño especializada.

Antes de profundizar en estas opciones, es importante comprender algunos aspectos clave de las portadas de libros en Amazon. Las portadas de ebooks para Kindle deben cumplir con requisitos específicos establecidos por Amazon, como una relación altura/anchura recomendada de 1,6:1, una altura de imagen mínima de 2.500 píxeles para dispositivos de alta definición, y dimensiones de 2.560 x 1.600 píxeles. El tamaño del archivo no puede superar los 50 MB. Además, es fundamental evitar infracciones de derechos de autor y no incluir información sobre precios o promociones temporales en la portada.

Diseña tu propia portada de libro con un programa de diseño gráfico

Este enfoque es ideal si tienes conocimientos de diseño o estás dispuesto a aprender, especialmente si estás trabajando en tus primeros libros y lo ves como una oportunidad para practicar más que para obtener ganancias inmediatas. Dos opciones populares de software de diseño gráfico son Adobe Photoshop y Canva.com. Recomiendo Canva porque ofrece una versión gratuita y es más fácil de usar que Photoshop. Además, puedes encontrar tutoriales en YouTube que te enseñarán los conceptos básicos del diseño de imágenes, ayudándote a crear tu portada de manera efectiva.

Contrata a un diseñador profesional

Si te tomas en serio la creación de un negocio rentable de venta de libros, contratar a un diseñador calificado para crear las portadas de tus libros es una decisión inteligente. Plataformas como Fiverr y Upwork ofrecen excelentes oportunidades para publicar ofertas de trabajo o buscar freelancers especializados en el diseño de portadas para libros. Estas plataformas incluyen portafolios y ejemplos de trabajos anteriores de los freelancers, lo que facilita encontrar un diseñador que entienda sobre diferentes géneros y pueda atraer a potenciales lectores. Al buscar "diseñador de portadas de libros", encontrarás una amplia variedad de freelancers entre los cuales elegir.

Personalmente, recomiendo intentar con Fiverr, ya que permite un comienzo rápido y sencillo. Puedes revisar los perfiles de los freelancers, examinar las creaciones anteriores de los diseñadores y, si encuentras un estilo que te gusta y consideras de alta calidad, contratar sus servicios. Aunque algunos diseñadores ofrecen sus servicios por tan solo 5 dólares por ilustración, es importante tener en cuenta que la calidad puede variar. Como punto de partida, puedes adquirir los servicios de tres o cuatro diseñadores diferentes por 5 dólares cada uno, identificar lo que te gusta de cada uno y luego pedirle a uno de ellos que combine esos elementos en una sola portada. Con una inversión de unos 20 dólares, puedes obtener una portada atractiva.

A medida que tu negocio crezca, querrás subir de nivel y contar con un diseñador especializado que realmente entienda tu visión. Upwork es una excelente plataforma para esto, ya que permite una comunicación directa y eficiente. Con el tiempo, puedes establecer una relación con un diseñador especializado que se adapte a tus necesidades. Personalmente, ahora tengo mi propio diseñador con quien puedo comunicarme en cualquier momento y quien suele entregarme un diseño de portada único y de alta calidad en uno o dos días, gracias a la relación que hemos establecido. Actualmente, le pago 50 dólares por portada.

Contrata a una empresa de diseño profesional

Existen numerosas empresas de diseño especializadas en crear fantásticas portadas de libros. Mi elección personal fue un servicio llamado 100 Covers. Sus expertos diseñadores producen portadas de alta calidad y asequibles por 100 dólares. Además, con una rápida búsqueda en Google de un "código de descuento 100 Covers", a menudo puedes encontrar una oferta y conseguir que el precio baje hasta los 50 dólares. El plazo de entrega es de una a dos semanas y ofrecen revisiones ilimitadas.

Puedes encargar la portada justo después de finalizar el tema y el título de tu libro, de modo que, mientras te dedicas a escribirlo, el diseño de la portada irá en marcha; para cuando hayas escrito la última palabra, la portada estará lista. Esta solución es excelente y rentable si aún no estás preparado para invertir en diseño o contratar a un profesional.

Portada para un libro de tapa blanda

En el caso de los libros de tapa blanda, el archivo de portada debe incluir la portada, el lomo y la contraportada en una sola imagen PDF. El tamaño de la imagen depende del número de páginas del libro y del tamaño elegido para el libro. Amazon ofrece una práctica calculadora gratuita de configuración de archivos para libros de tapa blanda y plantillas de portadas accesibles a través de este enlace: Calculadora de portada KDP.

Convertir una portada de ebook en una de tapa blanda puede ser rentable y relativamente sencillo. Puedes aprovechar plataformas como Fiverr.com, donde por solo 5 dólares puedes contratar a alguien para que realice la tarea. Otra alternativa es utilizar Canva.com; puedes descargar la plantilla mencionada y encargarte tú mismo de la creación del lomo y la contraportada. Este método de creación por cuenta propia o el empleo de freelancers económicos en línea suele resultar más asequible que contratar a un diseñador profesional o a una empresa de diseño para realizar esta tarea.

En lo particular, antes de encontrar a mi propio diseñador, hacía uso del servicio de 100 Covers para la creación de portadas por el módico precio de 50 dólares y luego yo mismo diseñaba el lomo y la contraportada. De esta forma, no solo ahorré dinero, sino también tiempo valioso. Asimismo, reduje la necesidad de comunicación en Fiverr, lo que en ocasiones toma tiempo, agilizando el proceso y garantizando un flujo de trabajo más eficiente.

¿Qué hace a una portada buena?

Diseñar una portada que destaque es un arte que combina diversos elementos, y aquí hay algunas reglas de oro que siguen siendo fundamentales:

1. **Alineación temática:** La portada debe capturar visualmente la

esencia del contenido del libro, actuando como un resumen pictórico del mismo.

2. Título claro y legible: Selecciona una fuente grande y legible con un contraste de color que resalte. El título debe ser fácilmente legible a primera vista.

3. Aspecto profesional: Una portada bien elaborada y profesional indica al lector que se encuentra ante una obra de calidad. La primera impresión es crucial.

4. Impacto visual: El verdadero desafío y donde reside la magia. Tu portada debe ser tan impactante que capture la atención instantáneamente y motive a los potenciales lectores a explorar más. Este es el objetivo clave.

A continuación, vamos a sumergirnos en una divertida actividad: intentemos descifrar las portadas de estos libros sin mirar sus títulos:

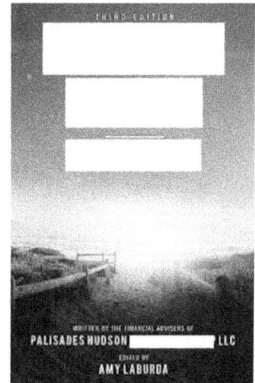

Empecemos por la portada del extremo izquierdo, ¿cuál es tu mejor suposición? Observa detenidamente los elementos de la portada, ¿qué historia parecen contar? Ahora, pasemos a la del centro, ¿puedes identificar los tipos de alimentos que aparecen en ella? Y respecto a la portada del extremo derecho, ¿qué te sugiere? Mira la siguiente página para comprobar si has acertado.

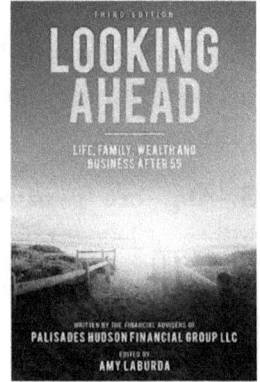

Sin siquiera revisar los títulos, se pueden hacer conjeturas sobre las dos primeras portadas. La primera a la izquierda está llena de elementos relacionados con la miel, sugiriendo que podría estar vinculada a la apicultura y la producción de miel. En cuanto a la portada del centro, la presencia de galletas y brownies indica que podría tratarse de un libro de cocina o una guía de repostería. Sin embargo, la última portada no revela mucho; ni la imagen ni el título sugieren que el libro se enfoca en finanzas, lo que la convierte en una portada menos efectiva en ese sentido.

Los títulos completos de las portadas son:

1. *Apicultura para principiantes: La nueva guía completa para criar una colmena sana y próspera*
2. *100 galletas: El libro de repostería para todas las cocinas, con galletas clásicas, nuevas delicias, brownies, barritas y mucho más*
3. *Mirando al futuro: Vida, familia, riqueza y negocios después de los 55*

¿Listo para otra ronda? Esta vez, elige entre la portada de la izquierda y la de la derecha: ¿cuál te llama más la atención? Elige antes de ver la respuesta.

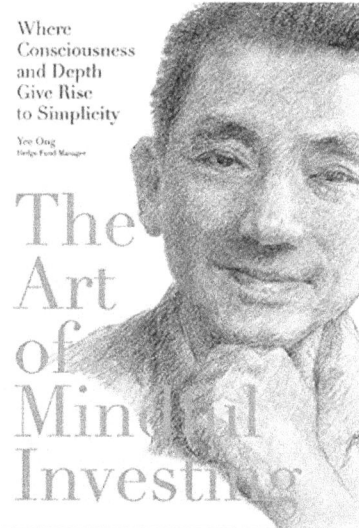

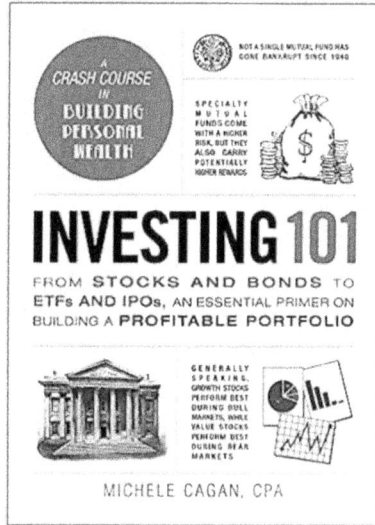

Si has acertado, ¡has dado en el clavo! Ambos libros exploran el mundo de la inversión, pero la portada de la derecha incorpora de manera acertada símbolos de finanzas e inversión. Además, visualmente es más atractiva que la de la izquierda.

Ahora, observa la portada de esta plantilla. Aunque fue un éxito en su momento, hoy en día ha sido tan utilizada por autores independientes que podría fácilmente parecer "amateur". Es recomendable evitar este tipo de diseños para asegurar que tu obra se destaque y no se pierda entre la multitud.

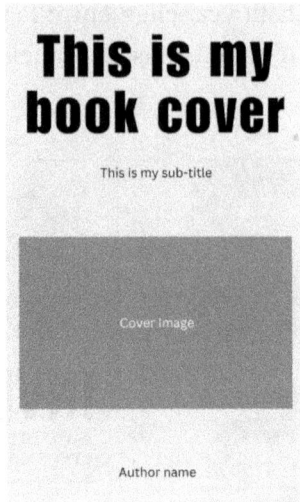

This is my book cover

This is my sub-title

Cover Image

Author name

A continuación, verás varias portadas que utilizan la misma plantilla bajo la palabra clave "Adiestramiento de cachorros para principiantes". Sin embargo, unas pocas logran destacarse del resto. ¿Puedes identificar cuáles son las más sobresalientes?

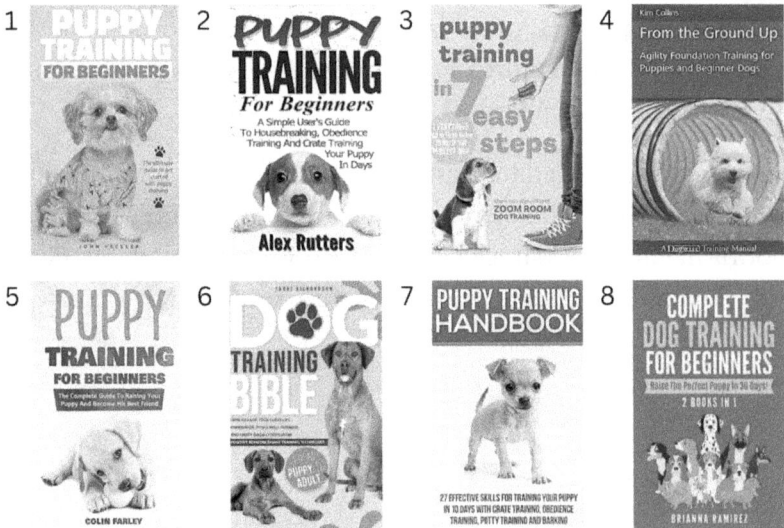

1. PUPPY TRAINING FOR BEGINNERS
2. PUPPY TRAINING For Beginners — A Simple User's Guide To Housebreaking, Obedience Training And Crate Training Your Puppy In Days — Alex Rutters
3. puppy training in 7 easy steps — ZOOM ROOM DOG TRAINING
4. Kim Collins — From the Ground Up — Agility Foundation Training for Puppies and Beginner Dogs — A Complete Training Manual
5. PUPPY TRAINING FOR BEGINNERS — The Complete Guide To Raising Your Puppy And Become His Best Friend — COLIN FARLEY
6. DOG TRAINING BIBLE — PUPPY ADULT
7. PUPPY TRAINING HANDBOOK — 27 EFFECTIVE SKILLS FOR TRAINING YOUR PUPPY IN 10 DAYS WITH CRATE TRAINING, OBEDIENCE TRAINING, POTTY TRAINING AND BARKING
8. COMPLETE DOG TRAINING FOR BEGINNERS — Raise The Perfect Puppy In 30 Days! — 2 BOOKS IN 1 — BRIANNA RAMIREZ

Respuesta en la siguiente página.

¿Has elegido los números tres y seis? ¡Bravo! Estas portadas se destacan claramente del resto y brillan con luz propia. Desde un punto de vista objetivo, superan a las demás, y además, ¡su posición en el ranking de más vendidos (BSR) en Amazon confirma su éxito de ventas!

Portadas de los libros más vendidos

Disfruta con algunas de las portadas de los libros más vendidos. Utilízalas como trampolín de ideas e inspiración para crear tu propia obra maestra.

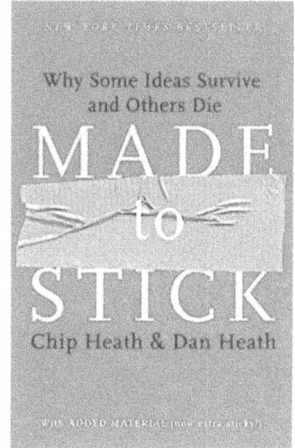

¿Ves lo bien que encaja la imagen de la portada con el tema del libro? Es orgánica y realza todo el libro.

Opinión final

En contra de lo que se suele decir, sí, la gente juzga un libro por su portada. Después de invertir tu corazón y tu alma en dar vida a tu libro, lo último que necesitas es una buena portada. Para brillar con luz propia en la vasta galaxia de Amazon, tu libro necesita una portada pulida y profesional que llame la atención. Una portada visualmente atractiva puede desnivelar la balanza a tu favor. Y a medida que te adentres en el mundo editorial, desarrollarás un instinto para detectar portadas fantásticas, comprender su magia y colaborar con un diseñador para crear una que se adapte a tu nicho como un guante.

14

SUBE TU EBOOK

Subir tu libro a Amazon es el paso más sencillo del proceso de autopublicación, ya sea que lo publiques como eBook de Kindle o como libro de tapa blanda. Es más fácil que escribir el libro mismo, darle formato o incluso promocionarlo. Una vez que hayas creado tu cuenta KDP, solo te tomará unos minutos subir tu libro.

Para comenzar, inicia sesión en tu cuenta KDP. Una vez dentro, llegarás a tu página personal de KDP. En la parte superior de la página, encontrarás varias pestañas: Biblioteca, Informes, Comunidad y Marketing. Por defecto, estarás en tu Biblioteca, el lugar para subir nuevos libros.

En letras grandes, verás las palabras "Crear. Gestionar. Publicar". Justo debajo, hay un campo titulado "Crear un nuevo título o serie". Aquí, Amazon te permite llegar a los lectores en varios formatos como ebooks, libros de tapa blanda, libros de tapa dura y cuentos Kindle Vella. Si estás creando una serie, puedes configurar una página de serie en Amazon y añadir tus libros.

Comencemos subiendo un ebook Kindle. Haz clic en el botón amarillo "+ Crear". Esto te llevará a una nueva página titulada "¿Qué te gustaría crear?". Dentro del recuadro para ebook Kindle, selecciona el botón amarillo "Crear ebook". Esto abrirá una nueva pantalla dividida en tres secciones.

La primera sección se llama "Detalles del ebook Kindle" y contiene varias partes que necesitas completar.

Idioma

El primer campo que encontrarás es el de Idioma, adaptado para coincidir con el idioma del sitio de Amazon en el que estás registrado. Por ejemplo, si estás publicando en Estados Unidos, el idioma por defecto será el inglés. Sin embargo, también tienes la opción de publicar tus libros en otros idiomas, como alemán, afrikáans, árabe, danés, español, finlandés, francés, holandés, italiano, japonés, portugués, sueco, entre otros.

Explorar la posibilidad de traducir y publicar tus libros en varios idiomas puede resultarte muy beneficioso en el mundo de la autopublicación, ya que te ofrece la oportunidad de conectar con un público más amplio. Personalmente, decidí traducir mi best-seller al español, alemán y francés. Mientras que las versiones española y alemana han vendido unos cuantos ejemplares al mes, la francesa ha superado todas las expectativas y se ha convertido en mi cuarto libro más vendido este año.

Sin embargo, te recomiendo considerar este paso una vez que tengas una base sólida de al menos diez libros publicados y unos ingresos constantes de al menos 1.000 dólares al mes. Las traducciones pueden ser costosas y probar nuevos mercados trae consigo ciertos riesgos. Es mejor estar bien preparado antes de dar el salto.

Título del libro

El siguiente campo es para el título de tu libro. Aquí debes ingresar el título principal de tu libro y, si corresponde, un subtítulo. Es importante tener en cuenta que, si bien puedes cambiar los títulos de tus ebooks Kindle en cualquier momento después de la publicación, no puedes modificar los títulos de tus libros de tapa blanda una vez publicados. Además, el título y subtítulo de tu libro en tapa blanda deben coincidir exactamente con el diseño de su portada para que Amazon publique tu libro. Sin embargo, los títulos de los ebooks Kindle y de tapa blanda no necesitan ser idénticos. Para simplificar las cosas, considera un título que contenga las palabras clave principales tanto para Kindle como para la edición de tapa blanda. Ingrésalo en el campo del título principal con un guión entre el título y el subtítulo, por ejemplo, "Libro de cocina cetogénica - Guía para principiantes para aprender la dieta Keto".

Book Title	Enter your title as it appears on the book cover. This field cannot be changed after your book is published. Learn more about book titles.
	Book Title
	The Ketogenic Cook Book - A Beginner' Guide To Learning The Keto Diet
	Subtitle (Optional)

Series

Si tu libro forma parte de una serie, tienes la opción de agregar detalles de la misma para ayudar a los lectores a encontrar fácilmente tus otros títulos en una única página. Puedes añadir el título que estás subiendo a una serie existente o crear una nueva. Una vez completada la configuración, los formatos vinculados al título se añadirán automáticamente a la serie. Esto permite a los lectores ver todos los formatos disponibles para los títulos de tus series en una sola página y seleccionar el formato que más les convenga.

La creación de una serie también te permite establecer un orden de lectura para tu público. Puedes enumerar los títulos para una experiencia de lectura lineal o dejarlos desordenados para que los lectores los disfruten en el orden que prefieran. Al crear una serie, asegúrate de incluir libros con características comunes como personajes, escenarios o cronología. Esto ayuda a los lectores a entender qué esperar de tu serie y les permite agrupar fácilmente los títulos relacionados.

Si los títulos de tu serie están en diferentes idiomas, se recomienda crear series separadas para cada idioma. De este modo, los lectores podrán encontrar fácilmente todos los títulos de tu serie en el idioma que prefieran.

Evita añadir contenido duplicado a una misma serie, ya que los lectores que compran todos los títulos esperan contenido único para cada libro. Si no es único, podrían dejar una reseña negativa.

Al principio de tu trayectoria, probablemente no tendrás una serie, así que no te preocupes demasiado por este aspecto en el inicio.

Número de edición

En la sección de número de edición, tienes la opción de especificar la edición de tu libro. Si es la primera edición o una nueva versión de un libro existente, puedes indicar el número de edición correspondiente. Por ejemplo, si publicaste tu libro y luego hiciste revisiones o actualizaciones para crear una versión mejorada, puedes marcarlo como segunda edición. Sin embargo, es importante destacar que este campo no es obligatorio.

Desde mi experiencia, recomendaría publicar una nueva versión en lugar de simplemente revisar y actualizar una vieja. De esta manera, tendrás dos listados distintos y podrás duplicar tu margen de beneficios. Este enfoque es especialmente útil para libros con títulos como "Libro de cocina 2023" y "Libro de cocina 2024" (aunque este es solo un ejemplo y no se recomienda crear un libro de cocina de este tipo).

Autor

En el apartado de autor, introduce el nombre y apellido del autor o colaborador principal del libro. Puedes utilizar tu nombre legal o un seudónimo. Ten en cuenta que, una vez publicado, el nombre del autor no se puede cambiar ni en la versión Kindle ni en la tapa blanda.

Contribuyentes

Si tu libro cuenta con colaboradores adicionales, como coautores, editores, ilustradores o traductores, puedes añadir sus nombres en la sección de colaboradores. Aquí, puedes especificar sus roles, como autor, editor, ilustrador, prologuista, narrador, fotógrafo o traductor. Recuerda que si tú eres el autor principal del libro, solo debes introducir tu nombre en la sección de autores, no en la de colaboradores.

Descripción

La sección de descripción es determinante, ya que debe ofrecer un resumen atractivo de tu libro que motive a los clientes a realizar la compra. Puedes utilizar códigos HTML o las funciones de formato de Amazon para mejorar la presentación de la descripción. Esto incluye añadir negrita, cursiva, subrayado, números, viñetas y párrafos. Al redactar la descripción de tu libro, Amazon sugiere que sea sencilla, convincente y profesional.

Céntrate en describir la trama, el tema o la idea principal sin abrumar ni confundir a los posibles lectores. Utiliza frases cortas y fáciles de leer, y limita la descripción a unas 150-200 palabras. Capta la atención de los lectores con una primera frase memorable y menciona claramente el género de tu libro. Asegúrate de que tu descripción esté pulida, sin faltas de ortografía ni errores gramaticales, y considera pedir opiniones a otras personas para perfeccionarla.

Aunque Amazon impone restricciones a ciertos contenidos en las descripciones, como material ofensivo, información de contacto personal, reseñas o testimonios, información sensible en el tiempo y material promocional, los autores independientes más experimentados tienen otro truco bajo la manga: incorporar palabras clave relevantes en la descripción puede aumentar las posibilidades de que potenciales lectores descubran tu libro. Sin embargo, en lugar de simplemente enumerar las palabras clave, úsalas en frases que hagan que la descripción sea atractiva e informativa.

Supongamos que tu libro trata sobre alimentación sana y dietas basadas en plantas. Podrías crear una frase cautivadora para la descripción como esta: "¿Listo para transformar tu salud y adoptar un estilo de vida activo? Explora el mundo de la alimentación nutritiva basada en plantas y descubre cómo nutrir tu cuerpo con comidas deliciosas y saludables". Recuerda que las cuatro primeras líneas de tu descripción son cruciales, ya que son visibles para los clientes antes de que hagan clic en "leer más". Asegúrate de que esas líneas sean atractivas y considera utilizar una fuente en negrita para que destaquen.

Derechos de publicación

En la sección de Derechos de Publicación, tienes dos opciones. Si eres el propietario de los derechos de autor y posees los derechos de publicación necesarios del contenido, selecciona la primera opción. Esto aplica cuando has escrito el libro tú mismo; según la legislación estadounidense sobre derechos de autor, tu obra está protegida desde el momento en que la creas. Eres el único propietario y puedes publicarla sin necesidad de un acuerdo formal con una editorial.

La segunda opción, "Se trata de una obra de dominio público", se elige cuando traduces un libro que ya está disponible gratuitamente en Amazon.

Hasta que tu libro no genere varios miles de dólares al mes, no es necesario preocuparse por registrar formalmente los derechos de autor, ya que esto puede ser costoso y llevar meses. En cuanto a trabajar con obras de dominio público, no es una forma viable de crear una marca duradera ni de obtener ingresos significativos, por lo que no te recomiendo seguir ese camino.

Palabras clave

Cuando se trata de añadir palabras clave a tus libros en el "back-end" de Amazon, es fundamental tener en cuenta algunas estrategias para obtener los mejores resultados. Aunque el título y el subtítulo pueden tener sus límites, Amazon te ofrece la oportunidad de añadir más palabras clave en secciones específicas. Aquí puedes elegir entre dos enfoques: utilizar una palabra clave por casilla o rellenar las casillas con varias palabras.

Una prueba realizada por un miembro de la comunidad editorial mostró que usar menos palabras por casilla dio más peso a cada palabra en comparación con poner varias palabras en una sola casilla. Por ello, tiene sentido utilizar una palabra clave por casilla. Si has elaborado un buen título y subtítulo, no deberías necesitar añadir múltiples palabras clave en cada casilla. Además, no olvides incluir estas palabras clave en la descripción de tu libro. Si te sobran algunas, puedes usarlas en las casillas adicionales (hay siete en total).

Para encontrar palabras clave relevantes, presta atención a las sugerencias que aparecen en el campo desplegable de búsqueda de Amazon. Ponte en los zapatos de un lector y piensa cómo buscaría un libro similar al tuyo. También puedes comprobar las palabras clave utilizadas en otros libros populares de tu género y añadir las que sean relevantes a tu lista.

Amazon tiene algunas recomendaciones sobre qué tipos de palabras clave evitar. Entre ellas se incluyen términos que ya están en los metadatos de tu libro (como el título y los colaboradores), afirmaciones subjetivas sobre la calidad de tu libro (como "la mejor novela de la historia"), afirmaciones sensibles en el tiempo ("nuevo", "a la venta ya", "disponible ahora"), información común para la mayoría de los libros de la categoría (como "libro"), faltas de ortografía y diferentes versiones de espaciado, puntuación, mayúsculas y plurales. Además, evita usar nombres de programas de Amazon como "Kindle Unlimited" o "KDP Select" como palabras clave.

Para construir un negocio duradero, es mejor seguir estas pautas. Optimizando tu título, descripción y palabras clave, puedes hacer que tu libro sea más fácil de descubrir en Amazon y aumentar tus posibilidades de llegar a los lectores adecuados.

Categorías

Elegir las categorías adecuadas para tu libro es vital. Al configurar las versiones de tu ebook Kindle y libro de tapa blanda, tienes la opción de seleccionar tres categorías para cada una. Aquí está el truco: las categorías disponibles varían entre los ebooks Kindle y los libros de tapa blanda. Esta diferencia puede jugar a tu favor, ya que te permite elegir diferentes categorías para cada versión desde el principio. Así, puedes aumentar la visibilidad de tu libro en múltiples segmentos, lo que se traduce en más visitas y mayores oportunidades de venta.

Rango de edad y grado

La sección "Rango de Edad y Grado" es opcional y se utiliza principalmente para libros infantiles, ya que permite a los padres clasificar los libros por edades adecuadas. Si estás publicando libros para adultos, puedes omitir esta sección sin problema.

Pedidos anticipados

En cuanto a los pedidos anticipados, son comunes entre los escritores de ficción, ya que ayudan a construir una base de seguidores que esperan con ansias el próximo lanzamiento, especialmente en series, donde los lectores del primer libro pueden reservar anticipadamente el segundo. Algunos autores incluso gestionan pedidos anticipados para varios libros de una serie, especialmente si publican con frecuencia, como cada uno o dos meses. Amazon notifica automáticamente a los lectores sobre el próximo libro de una serie, ya sea que esté en pre-pedido o ya disponible. Para activar los pedidos anticipados, elige entre "Estoy listo para publicar mi libro ahora" o "Hacer que mi eBook Kindle esté disponible para pedido anticipado". Es importante tener en cuenta que los libros de tapa blanda no pueden ofrecerse en pre-pedido. Si ofreces versiones en Kindle y tapa blanda, es recomendable subir la versión en tapa blanda unos días antes del lanzamiento del Kindle, ya que el proceso de aprobación de Amazon para los libros en tapa blanda es un poco más largo.

Para los libros de no ficción, los pedidos anticipados no suelen ser comunes. Personalmente nunca lo he hecho y, algunos amigos editores que lo han intentado, no han notado gran diferencia. Esto nos libera de una preocupación menos.

Segunda página

Después de completar la primera página de KDP, tienes la opción de guardar como borrador o guardar y continuar, lo que te llevará a la segunda página donde subirás tu manuscrito. Es importante destacar que la mayoría de la información se puede modificar antes de la publicación, excepto campos específicos como el título del libro Kindle y el nombre del autor. Verificar la exactitud de la información introducida es crucial antes de proceder al siguiente paso del proceso de publicación.

Gestión de derechos digitales

Según Amazon, DRM (*Digital Rights Management* o Gestión de Derechos Digitales en español) es una función diseñada específicamente para evitar la distribución no autorizada del archivo de tu ebook Kindle. Sin embargo, algunos autores eligen no aplicar DRM a sus libros, ya que prefieren fomentar el compartir su trabajo entre lectores.

Si decides activar el DRM, ten en cuenta que los clientes podrán prestar el libro a otro usuario por un tiempo limitado o comprarlo como regalo en la tienda Kindle. Es importante saber que una vez que publiques tu libro, no podrás modificar su configuración de DRM.

Personalmente, prefiero dejar desmarcada la opción de DRM, que es la configuración por defecto. Amazon probablemente tiene razones válidas para esta elección. Es necesario tener en cuenta que aquellos decididos a adquirir tu libro de manera ilícita encontrarán formas de hacerlo, independientemente de las medidas de DRM. Por lo tanto, intentar evitar estas acciones puede resultar infructuoso.

Subir el manuscrito del libro

El siguiente paso es subir el manuscrito de tu libro. Dependiendo de cómo hayas creado tu archivo, ya sea en Word (.DOCX), utilizando Kindle Create, Vellum u otra herramienta, simplemente haz clic en el botón amarillo y selecciona el archivo desde tu ordenador. Es importante recordar que puedes subir una nueva versión de tu libro en cualquier momento. Si Amazon detecta un error ortográfico en el archivo de tu manuscrito, aparecerá una alerta. Puedes hacer clic en el posible error ortográfico para verificar si realmente lo es o si se trata de jerga no reconocida. Si es un error genuino, puedes corregirlo en tu documento de Word, archivo de Kindle Create, o donde sea que hayas creado tu libro, y luego subir la versión actualizada. Si la palabra no es un error ortográfico, simplemente haz clic en "ignorar".

Portada de un ebook Kindle

A continuación, el siguiente paso requiere que subas la portada de tu libro. Amazon te ofrece dos opciones en esta sección: puedes utilizar la herramienta Creador de portadas para diseñar una portada usando las plantillas proporcionadas por Amazon, o subir tu propia imagen en formato JPG o TIFF. Exploraremos estas opciones más detalladamente más adelante, pero por ahora, recuerda que este es el lugar donde subirás tu archivo de portada. Es necesario subir todos los archivos necesarios antes de pasar a la tercera y última página del formulario de publicación.

Una vez que tus archivos de manuscrito y portada hayan sido procesados, deberás hacer clic en "Iniciar previsualización" para revisar y aprobar los archivos. Ten en cuenta que Amazon puede tardar un poco en procesar estos archivos, a veces hasta diez o veinte minutos. Si experimentas algún retraso, es completamente normal.

ISBN

El ISBN, acrónimo de *International Standard Book Number* (Número Estándar Internacional de Libros en español), es un identificador clave para las publicaciones. Aunque los eBooks para Kindle no requieren un ISBN, ya que Amazon les asigna un ASIN (*Amazon Standard Identification Number* o Número de Identificación Estándar de Amazon en español), sí es obligatorio para los libros de tapa blanda. Amazon KDP ofrece un ISBN gratuito que puedes utilizar para tus libros impresos, o bien, puedes proporcionar tu propio ISBN si prefieres comprar uno de manera independiente. Decidir si adquirir un ISBN es necesario o no depende de tus planes de autopublicación fuera de Amazon. Aunque obtener un ISBN puede ser costoso, este te ofrece un control total sobre tus obras.

Desde mi experiencia, si estuviera comenzando de nuevo, no me preocuparía por adquirir ISBNs para mis libros y los vendería exclusivamente en Amazon. Siguiendo el principio del 80/20, la mayoría de las ventas provienen de esta plataforma. El esfuerzo, tiempo y costo extras de subir libros a otras plataformas y adquirir ISBNs no se compensa. Utiliza simplemente el ISBN gratuito proporcionado por Amazon, publica tu libro y luego pasa al siguiente proyecto.

Tercera página

Una vez que hayas aprobado los archivos del libro y de la portada, puedes guardar tu progreso y proceder a la tercera y última página. Es fundamental destacar que puedes modificar la información de esta página en cualquier momento, incluyendo los archivos del libro.

Registro en KDP Select

En la parte superior de la tercera y última página, encontrarás la sección de registro en KDP Select. Ya hemos discutido esto anteriormente (capítulo cinco), pero aquí tienes un breve resumen. Kindle Select es el programa de Kindle Unlimited de Amazon, donde los clientes pagan una tarifa mensual para acceder y tomar prestados libros seleccionados de Kindle. Para que tu libro esté disponible para los suscriptores de Kindle Unlimited sin costo adicional, debes registrarlo voluntariamente en el programa KDP Select. Los libros publicados por la vía tradicional rara vez participan en KDP Select, ya que el programa se centra principalmente en obras autopublicadas.

Al registrarte en KDP Select, Amazon recauda las tarifas de suscripción de Kindle Unlimited y distribuye los ingresos entre los autores basados en las páginas leídas por los suscriptores. Al momento de escribir este libro, los autores recibían aproximadamente medio céntimo por página leída, calculado según las páginas que los lectores pasan físicamente y excluyendo las páginas saltadas.

Al registrar tus libros Kindle en KDP Select, puedes optar por un período inicial de noventa días. Tienes la opción de renovación automática o de realizar la renovación manualmente desactivando la opción de renovación automática.

Las ventajas de registrarse en KDP Select van más allá de las regalías:

Promociones gratuitas: Puedes ofrecer tu libro gratuitamente durante un máximo de cinco días por cada período de registro de noventa días. Esto aumenta la visibilidad y potencialmente genera ventas de libros de tapa blanda o la adquisición de reseñas adicionales.

Ofertas de cuenta regresiva Kindle (Kindle Countdown): También puedes realizar ofertas especiales en libros con precios entre 2,99 y 24,99 $, creando urgencia entre los compradores potenciales al ofrecer un descuento temporal.

Ten en cuenta que al registrar tu libro Kindle en KDP Select, aceptas mantener exclusividad con Amazon para la versión ebook de tu libro durante el período de registro. No obstante, conservas la libertad de publicar la versión en tapa blanda en otras plataformas de distribución.

Desde mi experiencia, recomiendo registrar tu libro en KDP Select al menos durante los primeros noventa días. Amazon tiende a promocionar y priorizar los libros dentro de su programa, lo que puede aumentar significativamente las posibilidades de que tu libro obtenga visibilidad y éxito. Aunque este no es un paso imprescindible para que tu libro alcance el éxito, optar por la exclusividad al inicio puede ser un movimiento estratégico en aras de maximizar tus oportunidades.

Territorios

En la sección de Territorios, Amazon te ofrece la opción de hacer que tu libro esté disponible a nivel mundial o seleccionar territorios específicos. Simplemente elige "Todos los territorios (derechos mundiales)" para que tu libro esté disponible en todos los sitios web de Amazon, incluyendo Estados Unidos, Reino Unido, Alemania, Francia, España, Italia, Japón, Países Bajos, Brasil, México, Canadá, India, Australia y otros países. Esto amplía el alcance de tu libro, permitiendo a los clientes de estos países comprarlo fácilmente.

Mercado principal

En la sección Mercado principal, puedes seleccionar el sitio web principal donde anticipas que se realizarán la mayoría de las ventas de tus libros. Si aún no está configurado como Amazon.com para Estados Unidos, te recomiendo ajustarlo así. Es muy probable que alrededor del 95% de tus ventas provengan de este mercado, lo cual ha sido mi experiencia también.

Precios, regalías y distribución

Como autor, tienes la libertad de fijar el precio de tus libros en Amazon, con diferentes opciones de regalías según el precio y el método de entrega.

Para libros con precios entre 99 centavos y 2,98 dólares, o igual o superior a 10 dólares, puedes optar por regalías del 35%. Esta opción no incluye gastos de envío y es ideal para libros de bajo precio o de gran tamaño. Para maximizar las ventas, te recomiendo comenzar con un precio de 99 centavos durante el primer mes.

Por otro lado, los libros con un precio entre 2,99 y 9,99 dólares, el rango más común para los ebooks de Kindle, pueden obtener regalías del 70%, con una tarifa de envío de 15 centavos por megabyte. Después del período inicial, te sugiero aumentar el precio del ebook a 2,99 dólares.

Es importante ajustar tu estrategia de precios considerando factores como el género, la extensión y el valor percibido del libro. Amazon convierte automáticamente el precio a la moneda local cuando distribuyes internacionalmente. Consulta la sección de Precios, Regalías y Distribución para ver un gráfico ilustrativo de tus derechos de autor según diferentes precios, y recuerda que puedes ajustar el precio en cualquier momento.

Mi estrategia con KDP Select y precios ha evolucionado con el tiempo. Al principio, fijaba mis libros Kindle a 2,99 dólares y los registraba en

KDP Select. Sin embargo, al escribir libros de no ficción más largos, subí el precio a 9,99 dólares y los retiré de KDP Select. Ten en cuenta que los autores reciben pagos por las compras directas en Amazon, independientemente de si el libro se lee o no. Aun años después, sigo recibiendo ingresos por las páginas leídas de los libros que se descargaron durante el tiempo que mis libros estuvieron registrados en KDP Select.

Para tu primer libro, asignarle un precio de 99 centavos para obtener una regalía del 30% puede ser beneficioso. Este bajo precio puede impulsar las ventas y ayudarte a obtener reseñas, cruciales para la visibilidad y futuras ventas del libro. Si no tienes una gran base de seguidores en redes sociales, considera registrar tu libro en KDP Select para que los miembros de Kindle Unlimited puedan tomarlo prestado. Aunque las ganancias por página leída son modestas, los préstamos pueden generar reseñas y mejorar el ranking del libro.

Para animar a los lectores a dejar reseñas, incluye una nota amistosa al final del libro solicitando amablemente su opinión y proporciona un código QR que los dirija directamente a la página de reseñas. Amazon también solicita reseñas a los lectores y los redirige a la página del libro, pero una solicitud personalizada puede ser más efectiva.

Es común que los autores nuevos duden en fijar precios bajos para sus libros, sintiendo que su obra merece más. Sin embargo, en el competitivo mercado Kindle, con numerosos autores independientes, muchos de ellos con años de experiencia, es fundamental ajustar la estrategia al inicio. Como autor de ebooks Kindle desde 2019, he aprendido que se necesita tiempo y una base sólida de lectores antes de justificar precios más altos, como los 9,99 dólares.

Préstamos de libros

El préstamo de libros permite a los usuarios prestar ebooks comprados en la tienda Kindle a sus seres queridos. Cada libro puede ser prestado una vez durante un período de catorce días, durante el cual el prestamista pierde temporalmente acceso al libro. Es importante destacar que este servicio es exclusivo para ebooks Kindle comprados en Amazon.

Si has adquirido una copia de tu propio libro, tienes el privilegio de prestarlo. Sin embargo, ten en cuenta que las condiciones del programa de préstamo de libros Kindle solo permiten un préstamo por título, y estos préstamos no generan ingresos por derechos de autor.

Por defecto, todos los títulos bajo KDP están inscritos en el programa de préstamo. No obstante, en el caso de los títulos con la opción del 35% de regalías, puedes optar por no participar en el préstamo durante la configuración del título, desmarcando la casilla correspondiente en la sección "Préstamo de libros". Ten en cuenta que la exclusión voluntaria no es posible para los títulos con la opción del 70% de regalías, ni para aquellos incluidos en el programa de préstamo de otro canal de venta o distribución.

Desde mi experiencia personal, ya no permito el préstamo de mis libros. Aunque al principio lo hacía, he observado que el préstamo de libros ha perdido popularidad. Por lo tanto, ahora prefiero que los lectores tomen prestados mis libros a través de KDP Select o que los compren directamente, lo que me permite generar ingresos.

Publicar tu ebook

Antes de publicar tu ebook Kindle, verifica que todas las secciones necesarias estén correctamente completadas. Al final de la página, encontrarás el botón naranja, "Publica tu ebook Kindle", esperándote. Ten en cuenta que Amazon puede tardar hasta setenta y dos horas en hacer que tu ebook Kindle esté disponible en su sitio web. La ventaja es que podrás realizar cambios en la mayoría de los campos incluso después de la publicación inicial.

15

SUBE TU LIBRO DE TAPA BLANDA

Crea tu libro de tapa blanda

Para crear una versión de tapa blanda de tu libro, el proceso es similar al de subir la versión Kindle. Una vez que hayas publicado tu ebook Kindle, este aparecerá en la Biblioteca de tu cuenta KDP. Simplemente haz clic en el enlace "+ Crear libro de tapa blanda" para comenzar.

Si ya has subido una versión Kindle del libro que deseas publicar en tapa blanda, algunos campos se rellenarán automáticamente para tu comodidad. Sin embargo, siempre tienes la opción de editar la mayoría de ellos. Un campo que difiere de la página de Kindle es la sección Contenido para adultos. Aquí se te preguntará si el libro contiene lenguaje, situaciones o imágenes que puedan no ser adecuados para menores de dieciocho años. Puedes seleccionar "NO" o "SÍ". A menos que tu libro esté explícitamente destinado a niños, se recomienda elegir "NO".

Después de hacer clic en el botón "Guardar y continuar" en la primera página, se te guiará a la segunda página, donde podrás proporcionar más detalles sobre tu libro de tapa blanda. A diferencia de los ebooks, los libros impresos requieren un ISBN. Puedes comprar un ISBN en

Bowker.com u optar por el ISBN gratuito de Amazon (mi recomendación).

En cuanto al campo Fecha de publicación, si tu libro se ha publicado anteriormente en otra plataforma, introduce la fecha de su publicación inicial (lo menciono solo para que entiendas su propósito). Sin embargo, si esta es la primera vez que publicas tu libro, puedes omitir esta sección, ya que la fecha se introducirá automáticamente una vez que tu libro esté disponible en el sitio web de Amazon. Es importante destacar que los libros de tapa blanda no pueden ser ofrecidos en pre-pedido, ya que esta opción está disponible únicamente para los libros Kindle.

Opciones de libro tapa blanda

Existen varias opciones para el interior de las páginas de los libros de tapa blanda, cada una con características específicas proporcionadas por Amazon:

• **Interior blanco y negro con papel crema:** Ideal para ficción y memorias; utiliza papel de 55 libras.

• **Interior blanco y negro con papel blanco:** La opción por defecto de Amazon, comúnmente utilizada para no ficción, también con papel de 55 libras.

• **Interior en color estándar con papel blanco:** Asequible para libros en color, aunque no recomendado para aquellos con elementos a todo color; usa papel de 55 libras.

• **Interior en color Premium con papel blanco:** Adecuado para libros con ilustraciones, gráficos e imágenes a todo color; utiliza papel de 60 libras.

Tamaño de corte: Se refiere a las dimensiones de las páginas del libro de tapa blanda. Amazon ofrece varios tamaños, siendo los más comunes 5x8 pulgadas (127x203 mm) o 6x9 pulgadas (152x229 mm) para libros de no ficción.

Ajustes de sangrado: El sangrado se refiere a la impresión hasta el borde de la página, más allá de los márgenes, más que todo para incluir imágenes e ilustraciones. La mayoría de los libros se imprimen "sin sangrado" a menos que sea necesario.

Acabado de la cubierta de tapa blanda: Amazon ofrece dos opciones: brillante y mate. El acabado brillante realza las cubiertas negras y las ilustraciones con un aspecto resplandeciente, mientras que el acabado mate ofrece un aspecto sutil y pulido con un brillo mínimo. La elección depende de tus preferencias personales; en mi caso, prefiero el acabado mate para todos mis libros porque brinda una sensación de calidad al tacto.

Manuscrito: Aquí subirás el archivo de tu libro de tapa blanda. Amazon admite varios formatos como PDF, DOC, DOCX, HTML y RTF.

Portada del libro: Debes subir tu propio archivo PDF listo para imprimir. Recuerda que la portada del libro de tapa blanda difiere de la versión Kindle, ya que incluye un lomo y una contraportada además de la portada principal.

Inicio de la previsualización: Después de cargar tu manuscrito y portada, haz clic en "Iniciar previsualización". Amazon procesará las cargas, lo cual puede llevar algún tiempo. Es necesario previsualizar y aprobar el archivo completo de tu libro antes de pasar a la página final.

Resumen: En la segunda página del proceso de listado de libros encontrarás la sección Resumen, que muestra el archivo completo de tu libro, incluyendo la portada y las páginas interiores tal como aparecerán impresas. Amazon también te mostrará el coste de impresión, deducido automáticamente del precio de venta de tu libro. Una vez revisados y aprobados los archivos, podrás proceder a la tercera y última página.

Tercera página

En la tercera página del proceso de publicación, encontrarás la sección de Territorios, similar a la que experimentaste al subir la versión Kindle de tu libro. Aquí puedes decidir si quieres que tu libro de tapa blanda esté disponible en todo el mundo (con derechos mundiales) o seleccionar regiones específicas. Es recomendable seleccionar derechos mundiales para maximizar el alcance de tu libro.

El campo Mercado principal determina el principal mercado donde estará disponible tu libro. Por defecto, se establecerá en el país desde el cual estás subiendo el libro. Por ejemplo, si lo estás subiendo desde Estados Unidos, por defecto será Amazon.com. Independientemente de tu ubicación, se recomienda configurarlo en <u>Amazon.com</u>, ya que es donde se generan la mayoría de las ventas.

<u>Precio, regalía, y distribución</u>

Los autores obtienen un 60% de regalías por los libros de tapa blanda, calculado después de deducir la parte de Amazon y el coste de impresión. Este último varía según el número de páginas y el tamaño de corte del libro.

Aunque los compradores internacionales verán el precio que establezcas para tu libro, es importante tener en cuenta que los libros de tapa blanda no tienen una distribución tan amplia como los libros electrónicos Kindle.

<u>Publica tu libro de tapa blanda</u>

Después de establecer el precio de tu libro de tapa blanda, simplemente haz clic en el botón "Publicar tu libro de tapa blanda" para que esté disponible en el sitio web de Amazon. A diferencia de los ebooks Kindle, que generalmente son aprobados en un día, los libros de tapa blanda pueden tardar varios días en ser aprobados. Esto se debe a que Amazon verifica cuidadosamente cada libro de tapa blanda para garantizar que se imprima correctamente cuando se solicite, asegurando así una experiencia de lectura de alta calidad para los clientes.

Solicita copias de prueba

Después de publicar tu libro de tapa blanda, tienes la opción de solicitar copias de prueba a un precio con descuento. Esto te permite revisar físicamente el libro y realizar cualquier ajuste necesario antes de lanzarlo oficialmente a la venta. Alternativamente, puedes ordenar copias directamente desde el sitio web de Amazon, lo cual no solo contribuye a tu estatus como autor, sino que también te permite generar regalías por las ventas de esas copias.

16

AUDIOLIBROS

En el dinámico panorama de la industria editorial, los audiolibros han revolucionado las reglas del juego. Este formato atractivo y flexible captura la atención de una sociedad en constante cambio. Al crear y distribuir tu contenido en plataformas como Audible, accedes a un mercado floreciente que amplía significativamente tu potencial audiencia. Los audiolibros no solo democratizan el acceso a la literatura para aquellos con dificultades visuales o preferencia por el aprendizaje auditivo, sino que también ofrecen una opción valiosa para quienes desean consumir contenidos durante sus desplazamientos diarios, ejercicios o tareas cotidianas. Además, gracias al aumento del uso de tecnologías digitales y smartphones, acceder a audiolibros es muy sencillo. Sumergirte en el mundo de los audiolibros no solo expone tu obra a sus ventajas, sino que también amplía tu alcance e influencia como autor.

¿Por dónde empezar con la creación de audiolibros?

Para comenzar con éxito en el mercado de los audiolibros, Audible es la plataforma dominante e ideal para debutar. Siguiendo el principio del

80/20, centrarse en Audible permite alcanzar eficazmente la mayor parte de la audiencia de audiolibros. Sin embargo, antes de dirigirte a Audible.com, es recomendable comenzar en ACX.com. Crear una cuenta en ACX te permite reclamar tus libros en Amazon y empezar tu viaje en el mundo de los audiolibros.

ACX.com también es un excelente lugar para encontrar al narrador perfecto. He trabajado con narradores cuyas tarifas varían entre 40 y varios cientos de dólares por hora de audio terminado. ¿Qué significa "hora de audio terminado"? Es el tiempo total de audio narrado y editado finalizado. Aunque el proceso real de lectura, grabación y edición de audio puede llevar más tiempo que una hora, la tarifa se calcula sobre la base de una hora terminada, proporcionando una estimación clara del costo total.

El objetivo ideal es la narración de libros de alrededor de 30,000 palabras, ya que aproximadamente 10,000 palabras equivalen a una hora de narración. Por lo tanto, 30,000 palabras se traducen en aproximadamente tres horas de contenido, un punto óptimo a alcanzar. Por un audiolibro de tres horas, Audible paga aproximadamente 7 dólares en derechos de autor. Si el audiolibro es ligeramente más corto, con dos horas y cincuenta y nueve minutos, los derechos de autor se reducen a unos 3 dólares. Sin embargo, un audiolibro que abarque entre cinco y diez horas de narración puede generar alrededor de 10 dólares. En resumen, la franja de 3 a 5 horas es la que ofrece el mejor pago por la menor cantidad de palabras. Es importante considerar que Audible establece los precios basándose en la duración del audiolibro, no nosotros. A continuación, se detallan más aspectos sobre la estructura de los derechos de autor:

Audiobook Length	Retail Price	Net Sales $
< 1hr	3.95	2.05
1-3 hrs	6.95	3.61
3-5 hrs	14.95	7.77
5-10 hrs	19.95	10.37
10-20 hrs	24.95	12.97
20 hrs +	29.95	15.57

Si tu audiolibro de 30,000 palabras no alcanza las tres horas de duración, es probable que el narrador esté leyendo demasiado rápido. Por lo general, se necesitan aproximadamente 27,000 palabras habladas a un ritmo normal para alcanzar las tres horas, por lo que 30,000 palabras deberían ser más que suficientes. Es vital comunicar al narrador la duración deseada con anticipación para evitar sorpresas de último momento.

Mis reflexiones

Si te estás iniciando en el mundo de la autopublicación, no es necesario aventurarse también en el mundo de los audiolibros. En su lugar, te sugiero que enfoques tus esfuerzos en crear primero algunos libros de calidad. Familiarízate con el proceso, comprende los matices y acumula experiencia en la escritura antes de explorar los audiolibros. Cuando tus libros comiencen a generar al menos 500 dólares al mes en ingresos, será un buen momento para considerar la posibilidad de adentrarte en el mundo de los audiolibros. Este enfoque también tiene ventajas económicas, ya que los ingresos generados por tus libros pueden destinarse a cubrir los costos de narración de tu audiolibro, que para un libro de 30,000 palabras suele rondar los 150 dólares.

17

FIJA LOS PRECIOS DE TUS LIBROS

A la hora de establecer el precio de tus libros, no se trata solo de generar ingresos, sino también de atraer a los clientes para que compren tu obra. Encontrar el equilibrio adecuado entre un precio justo y uno atractivo para los lectores es crucial.

Precios de los libros de bajo contenido

Los libros de bajo contenido, como diarios, agendas, libros para colorear y libros de actividades, generalmente se venden entre 3,99 y 9,99 $. El punto óptimo suele estar en torno a los 6,99 $, proporcionando un beneficio de aproximadamente 2 $ por libro. Vender por encima de esta cifra suele ser difícil debido a la competencia de libros de gran calidad a precios más bajos. Por estas razones, en general, es recomendable evitar este tipo de libros.

Precios de los libros de ficción

Si estás incursionando en el mundo de la ficción, comprender los precios dentro de este género es esencial. Tanto si optas por la publicación tradicional como por la autopublicación en Amazon, los libros de ficción suelen tener precios bajos que tienden a disminuir con el tiempo. Incluso la edición en tapa dura de un autor bestseller puede comenzar en 19,99 $, pero rápidamente se reduce a 9,99 $ o incluso a 6,99 $ en la edición de tapa blanda. Los ebooks, por su parte, pueden venderse por uno o dos dólares.

Entonces, si eres un autor que recurre a la autopublicación, no es factible establecer un precio de 20 $ o incluso 10 $ para tu primer libro de ficción. En cambio, concéntrate en construir una audiencia y considera registrarte en Kindle Select para ganar una parte de las cuotas de suscripción de Kindle Unlimited. Al principio, tu objetivo es ganar visibilidad, obtener clasificaciones y reseñas positivas; más adelante, obtendrás beneficios más significativos.

¿Por qué los libros de ficción tienen precios tan bajos? El género de ficción cuenta con un gran número de lectores, y los autores que autopublican lanzan continuamente nuevos libros, a menudo más cortos en longitud. Mientras que las novelas publicadas de forma tradicional suelen tener un promedio de 80,000 palabras o más, los libros de ficción autopublicados pueden tener hasta 30,000 palabras. Esto ofrece a los ávidos lectores, que devoran varios libros a la semana, una amplia selección entre la cual elegir.

Precios de los libros de no ficción

Fijar el precio adecuado para los libros de no ficción requiere ciertas consideraciones. Estas obras suelen ofrecer información valiosa, experiencia o perspectivas únicas a los lectores, por lo que el precio debe reflejar su valor y el beneficio percibido que aportan. En general, los libros de no ficción tienden a tener precios más altos que los de ficción, variando según el tema, la profundidad de la investigación y las credenciales del autor. Los lectores están dispuestos a pagar más por conocimientos especializados, contenidos bien documentados y orientación práctica.

Cuando determines el precio de tu libro de no ficción, es esencial considerar tu público objetivo, el panorama competitivo y los puntos de venta únicos de tu obra. Realiza estudios de mercado, analiza títulos similares y calcula lo que los lectores están dispuestos a pagar por el tema específico que abordas.

Personalmente, establezco el precio de mis libros de no ficción entre 12,99 y 19,99 $, teniendo en cuenta a la competencia y sus precios. Si tienes más reseñas que tus competidores, puedes justificar un precio más alto. Sin embargo, si enfrentas una competencia considerable con precios más bajos, es recomendable mantenerse dentro de ese rango. Una estrategia segura para probar precios es comenzar con un precio bajo y aumentarlo gradualmente un dólar cada dos semanas, mientras monitoreas las ventas. Si se mantienen estables, continúa aumentando el precio hasta que observes una disminución en las ventas.

Libros de tapa dura

Al fijar el precio de las tapas duras, suelo establecerlo 10 $ más alto que el de la edición de tapa blanda, por tres razones fundamentales.

En primer lugar, la impresión de tapas duras es más costosa, por lo que el precio debe ser ajustado para mantener una regalía equitativa.

En segundo lugar, aquí aplica el concepto de anclaje de precio, una técnica psicológica que influye en la percepción del valor por parte de los consumidores. Imagina que estás mirando un menú donde los filetes más caros cuestan 100 $. Luego ves una hamburguesa en 40 $. A simple vista, la hamburguesa parece más económica debido al anclaje creado por los filetes más costosos que hacen que la hamburguesa parezca una opción más asequible en comparación. Al fijar un precio más alto para los libros de tapa dura, se establece un ancla que hace que el precio del libro de tapa blanda parezca más accesible y ofrezca una mejor relación calidad-precio.

La tercera razón es que algunos lectores prefieren las tapas duras y están dispuestos a pagar un precio más elevado por ellas. Por ejemplo, si las tapas duras se venden a 24,99 o 29,99 dólares, los autores pueden recibir una regalía de al menos 10 dólares por libro vendido.

En resumen, establecer un precio más alto para las tapas duras en comparación con los libros de tapa blanda tiene varios objetivos: cubrir el costo mayor de producción, aprovechar el anclaje del precio para mejorar la percepción de valor del libro de tapa blanda y atraer a los lectores que prefieren las versiones de tapa dura, lo que contribuye a incrementar los ingresos por derechos de autor.

18

MARKETING Y REDES SOCIALES

A lo largo de mi trayectoria como autor que autopublica, he experimentado con diversos métodos de marketing. Con base en mi experiencia previa en la plataforma Instagram, decidí empezar por ahí. Logré hacer crecer una cuenta hasta más de 200.000 seguidores para una de mis marcas, pero me di cuenta de que el retorno de la inversión no valía la pena. El tiempo y esfuerzo invertidos en Instagram podrían haberse aprovechado mejor en la creación de más libros. El estrés y las molestias de la publicación diaria y la creación de contenido superaban las ventas generadas.

También probé los anuncios de Facebook, pero resultaron caros y produjeron bajas tasas de conversión. El proceso requería de varios pasos: captar la atención de los usuarios, conseguir que leyeran el anuncio, hicieran clic en él, visitaran la página del producto en Amazon, lo añadieran al carrito y, finalmente, realizaran la compra.

Según mi experiencia, el marketing en redes sociales no dio resultados significativos. Aunque otros pueden destacar en este ámbito o contratar agencias de marketing, en general es una tarea que requiere tiempo, dinero y un ancho de banda mental muy valiosos. En mi opinión, no es el enfoque más eficaz.

Volviendo a la regla del 80/20, es importante centrarse en estrategias que realmente funcionen y generen ingresos. ¿Crear una cuenta de Instagram me genera dinero directamente? ¿Crear un grupo de Facebook o acumular "me gusta" se traduce en beneficios? ¿Repostear tweets o postear pines en Pinterest se traduce en ganancias económicas? La respuesta es no (al menos para mí).

Sin embargo, hay un método que me ha parecido una inversión de tiempo que merece la pena, especialmente si piensas crear varios libros bajo el mismo seudónimo o marca: recopilar correos electrónicos. Puedes incluir un código QR en la última página de tu libro invitando a los lectores a suscribirse para recibir material adicional. Al crear una lista de correos electrónicos, puedes ponerte en contacto con estas personas cuando publiques otro libro. Es más probable que vuelvan a comprar, puesto que ya han comprado anteriormente. Además, puedes enviarles un correo electrónico y pedirles amablemente que dejen sus reseñas para tu libro, aumentando así su visibilidad.

Crear un sistema de recopilación de correos electrónicos es un esfuerzo único que se ejecuta en segundo plano. Una vez que tu libro esté activo en Amazon y generando ventas, empezarás a recibir automáticamente correos electrónicos en tu lista.

El software de correo electrónico que yo utilizo se llama ConvertKit. Al momento de escribir esto, podías registrarte gratis y recopilar hasta 1.000 correos electrónicos antes de tener que empezar a pagar una couta mensual. Tienen un montón de tutoriales estupendos en su sitio web sobre cómo configurar una simple suscripción por correo electrónico (aquí es donde recopilas el correo electrónico de tus lectores).

A cambio, puedes ofrecer al cliente un "regalo". Esto suele denominarse imán de potenciales clientes, un incentivo o recurso valioso que se ofrece a posibles suscriptores o potenciales clientes. Sirve para atraer e involucrar a tu público objetivo.

Los imanes de potenciales clientes están diseñados para abordar un problema específico o proporcionar una solución, atendiendo a los intereses y necesidades de tu público objetivo. Aquí tienes algunos ejemplos de imanes de potenciales clientes para diferentes nichos:

Comercio electrónico

- Descuentos o cupones exclusivos: Ofrece un código de descuento especial o un porcentaje de descuento en su primera compra a cambio de su dirección de correo electrónico.
- Guía de envío gratuito: Proporciona una guía descargable sobre cómo obtener envíos gratuitos en las compras en línea.

Salud y bienestar

- Plan de comidas o ebook de recetas: Ofrece un ebook gratuito con recetas saludables o una guía detallada de planificación de comidas.
- Vídeo de entrenamiento o guía de ejercicio: Proporciona acceso a una sesión de entrenamiento en vídeo o una guía completa de ejercicios.

Desarrollo personal

- Hoja de trabajo para fijar objetivos: Ofrece una hoja de trabajo descargable que ayude a las personas a establecer y alcanzar sus metas.
- Kit de herramientas de productividad: Proporciona un conjunto de recursos de productividad, incluyendo plantillas, listas de verificación y guías detalladas.

Finanzas

- Plantilla de presupuesto: Proporciona una plantilla de hoja de cálculo o una recomendación de aplicación para ayudar a las personas a gestionar eficazmente sus finanzas.
- Guía de inversión: Ofrece un ebook o una serie de videos sobre estrategias y consejos de inversión.

Marketing y negocios

- Calendario de contenidos para redes sociales: Proporciona un calendario de contenidos predefinido para ayudar a las empresas a planificar y organizar sus publicaciones en las redes sociales.
- Kit de herramientas de marketing: Ofrece una colección de plantillas, guías y recursos esenciales para implementar estrategias de marketing efectivas.

Viajes

- Guía de destinos: Proporciona una guía descargable con consejos y recomendaciones exclusivas sobre un destino de viaje popular.
- Lista de equipaje: Ofrece una lista de verificación de artículos esenciales para empacar según el tipo de viaje.

Recuerda, la clave para que un imán de potenciales clientes funcione es que sea valioso, relevante y esté alineado con los intereses de tu público objetivo. Debe proporcionar una solución rápida a un problema común o una ganancia tangible, al mismo tiempo que muestra tu experiencia y genera confianza.

19

ANUNCIOS DE AMAZON PARA AUTORES

Cuando se trata de vender libros, es esencial centrarse en los clientes que ya están en Amazon, listos para hacer una compra. Esto simplifica considerablemente el proceso. Por eso, elijo anunciar mis libros exclusivamente en Amazon, utilizando su propia plataforma publicitaria.

Puede parecer contraintuitivo pagar por anuncios en la misma plataforma en la que ya están publicados tus libros, pero la realidad es que te enfrentas a una competencia abrumadora. A menos que tengas un best-seller instantáneo, la publicidad en Amazon es crucial para ganar visibilidad e impulsar las ventas de tus libros de tapa blanda. Según datos de Amazon, el 30% de los lectores navegan por Amazon en busca de libros, y el 65% descubren nuevos títulos mientras compran en la plataforma. Esto significa que existe un mercado receptivo y ansioso, y la publicidad ofrece la oportunidad de llegar a clientes que están explorando activamente diversas categorías de libros.

Diferentes métodos publicitarios

Amazon ofrece tres métodos distintos para anunciar libros. El primero son los Productos Patrocinados, que son anuncios de coste por clic (CPC) diseñados para promocionar listados individuales de productos en Amazon. Estos anuncios aparecen destacados en la primera página de resultados de búsqueda y en las páginas de productos. Puedes establecer la tarifa CPC que desees y solo pagarás cuando un cliente haga clic en tu anuncio. Al configurar un presupuesto diario, puedes controlar eficazmente los costos.

La segunda opción son las Marcas Patrocinadas, otro formato de anuncio CPC que muestra el logotipo de tu marca, un breve titular y varios productos relacionados. Estos anuncios aparecen en la parte superior e inferior de los resultados de búsqueda; son ideales si tienes varios libros similares, como una serie. Al igual que los anuncios de Productos Patrocinados, solo pagas cuando un cliente hace clic en tu anuncio, y tienes control sobre el precio por clic y el presupuesto diario.

Por último, están los Anuncios de Pantalla de Bloqueo, exclusivos para autores en Estados Unidos. Estos anuncios aparecen en dispositivos de Amazon como los lectores electrónicos Kindle y las tabletas Fire, mostrando tu libro de manera destacada en la pantalla antes de que los usuarios desbloqueen sus dispositivos. Sin embargo, es importante recalcar que los Anuncios de Pantalla de Bloqueo pueden ser más costosos y generalmente son utilizados por autores exitosos con una base considerable de seguidores.

Para la mayoría de los autores que autopublican, los Anuncios de Productos Patrocinados y los Anuncios de Marcas Patrocinadas son los más relevantes y fáciles de manejar. Personalmente, he tenido éxito utilizando exclusivamente los anuncios de Productos Patrocinados, pues han resultado rentables para mí.

Te recomiendo comenzar por ahí y, si obtienes buenos resultados, podrías considerar probar los Anuncios de Marcas Patrocinadas. Por otro lado, sugiero evitar los Anuncios de Pantalla de Bloqueo, ya que desde mi experiencia como propietario de un Kindle, tienden a ser menos efectivos. Pocas veces presto atención a los anuncios en mi pantalla y, de hecho, los he desactivado para evitar distracciones. Es poco probable que un usuario vea un anuncio, haga clic en él y compre tu libro.

Primeros pasos con los anuncios

Para iniciar tu aventura en la publicidad en Amazon, el primer paso es crear una cuenta en advertising.amazon.com. Este proceso es sencillo y totalmente gratuito. Necesitarás proporcionar un método de pago, como una tarjeta de débito o crédito, o configurar una cuenta bancaria para reintegros directos, dado que estarás invirtiendo en anuncios. Una vez que tu cuenta esté activa, estarás listo para configurar tu primer anuncio.

Dentro del panel de control de Amazon Advertising, encontrarás un botón azul, "Crear campaña", que te llevará a la página de configuración de campañas. Aquí podrás elegir entre diferentes tipos de anuncios: Productos Patrocinados, Marcas Patrocinadas o Anuncios de Pantalla de bloqueo. Para empezar, es recomendable seleccionar la opción por defecto, Productos Patrocinados, y continuar con el proceso haciendo clic en el icono correspondiente.

La primera sección que encontrarás es el Formato de anuncio, donde podrás optar entre un anuncio de texto personalizado o un anuncio estándar. Los anuncios de texto personalizados te permiten agregar texto personalizado, proporcionando a los clientes una descripción detallada de tu libro. Por otro lado, los anuncios estándar muestran la portada del libro, la clasificación por estrellas y el precio. Ambas opciones son efectivas para libros de no ficción, ya que la portada debe comunicar claramente el contenido del libro. Sin embargo, los anuncios de texto personalizados pueden ser especialmente beneficiosos para libros de ficción que compiten en un mercado saturado. Para este ejemplo, seleccionemos el anuncio estándar.

Avanzando, llegarás a la sección de Productos, donde debes especificar el libro que deseas promocionar. Si corresponde, puedes elegir entre la versión Kindle o la de tapa blanda. Sin embargo, se recomienda anunciar exclusivamente la edición de tapa blanda. Esto se debe a que los clientes pueden ver el precio antes de hacer clic en el anuncio, lo que aumenta las probabilidades de que realicen la compra al precio mostrado. Anunciar un ebook a 2,99 $ podría llevar a campañas poco rentables, ya que podrías gastar más de 2 $ en costes publicitarios para captar un cliente, resultando en un beneficio mínimo.

Luego, deberás decidir entre Segmentación Automática o Manual. Para los principiantes, la Segmentación Automática es recomendable. Amazon utiliza palabras clave específicas y productos similares para hacer coincidir eficazmente tu libro con las opciones relevantes del mercado. Con la Segmentación Manual, obtienes un mayor control al seleccionar palabras clave específicas o productos para que tu anuncio aparezca junto a ellos. Si optas por la Segmentación Automática, te llevará a seleccionar la oferta predeterminada que se aconseja comenzar baja y ajustar según sea necesario. Con la Segmentación Manual, elegirás entre Segmentación por palabra clave o Segmentación por producto.

La Segmentación por palabras clave te permite elegir palabras y frases cortas que los clientes suelen buscar en Amazon. Puedes crear tu propia lista, utilizar las sugerencias de palabras clave de Amazon, o combinar ambas opciones. Por otro lado, la Segmentación por productos te permite dirigirte directamente a productos, categorías o marcas específicas.

En nuestro ejemplo de creación de un anuncio de Segmentación por palabras clave para un libro de cocina cetogénica, al seleccionar el libro, Amazon genera automáticamente una lista de palabras clave relacionadas basadas en las búsquedas activas de los clientes. Es importante recordar que los clientes suelen usar frases cortas en sus búsquedas. Las sugerencias automáticas de Amazon ofrecen información valiosa sobre las palabras clave más populares, como "recetas de dieta cetogénica", "cocina baja en carbohidratos" y "recetas con grasas saludables". Aunque algunas palabras clave puedan parecer inicialmente no relacionadas con tu libro, indican un comportamiento de compra activo, convirtiéndolas en objetivos.

Al regresar a la página de Publicidad en Amazon, tienes la opción de utilizar las palabras clave sugeridas por Amazon, introducir tu propia lista o cargar un archivo con palabras clave predefinidas. Para simplificar, nos centraremos en utilizar las sugerencias de palabras clave de Amazon o en introducir nuestra propia lista.

Antes de seleccionar las palabras clave, es necesario decidir el precio de tu oferta. Junto al campo de "Oferta", verás un recuadro que muestra la "Oferta sugerida". Al hacer clic en ella, aparece un menú desplegable con tres opciones: "Oferta sugerida", "Oferta personalizada" y "Oferta por defecto". Al principio, cometí el error de confiar en las ofertas sugeridas, las cuales a menudo eran más altas de lo necesario para que los anuncios fueran efectivos. Utilizar estas ofertas puede agotar rápidamente tu presupuesto publicitario. En su lugar, te recomiendo seleccionar la oferta personalizada, que te permite establecer la misma tarifa para cada palabra clave. Es aconsejable comenzar con una oferta muy baja. Las ofertas sugeridas por Amazon suelen oscilar entre 50 céntimos y 1 dólar, a veces incluso más. En lugar de eso, introduce una oferta personalizada baja, como por ejemplo 30 céntimos para empezar.

Una vez que hayas establecido tu oferta, es hora de elegir tus palabras clave. Amazon clasifica las palabras clave en tres tipos: Amplias, Frases y Exactas.

Amplias: Estas palabras clave se emparejarán con términos de búsqueda que coincidan con tus palabras clave y sus variantes, incluidos sinónimos, errores ortográficos y variaciones. Por ejemplo, si eliges "Libro de cocina cetogénica" como palabra clave amplia, tu anuncio podría mostrarse junto a libros que aparecen en búsquedas como "Librodecocinacetogénica" (mal escrito), "Libros de cocina cetogénica" o "Libro de cocina ceto".

Frase: Estas palabras clave se emparejarán con términos de búsqueda que contengan las palabras clave específicas en cualquier orden. Por ejemplo, si seleccionas la palabra clave "Libro de cocina cetogénica" como frase, tu anuncio podría aparecer junto a libros que se buscan con frases como "Libro de cocina cetogénica vegana" o "Libro de cocina cetogénica para principiantes".

Exactas: Estas palabras clave solo se emparejarán con búsquedas que coincidan exactamente con ellas. Por ejemplo, si eliges la palabra clave "Libro de cocina cetogénica" como exacta, tu anuncio se mostrará solo a usuarios que busquen exactamente "Libro de cocina cetogénica".

Al comenzar, es razonable seleccionar las tres opciones de segmentación. Amazon las suele preseleccionar por defecto. Con el tiempo, descubrirás cuál tipo funciona mejor para ti. Algunos anunciantes optan por usar un solo tipo, mientras que otros utilizan dos o incluso los tres simultáneamente. También puedes permitir que Amazon te muestre todas las opciones y luego elegir manualmente las que prefieras. Amazon te proporcionará una lista completa de palabras clave sugeridas. Aunque puedes hacer clic en "Añadir todas" para seleccionarlas, es recomendable revisarlas, ya que podrían incluir palabras clave irrelevantes. Seleccionar manualmente las palabras clave que deseas usar y omitir las irrelevantes es una estrategia prudente.

Después de elegir tus palabras clave, la siguiente sección es la Segmentación por palabras clave negativas, una función opcional pero útil. Te permite excluir términos de búsqueda que Amazon podría utilizar para orientar tu anuncio, pero que son irrelevantes para tu libro. Por ejemplo, si has escrito un libro sobre finanzas personales para adolescentes, no querrás que tu anuncio se muestre a personas que busquen "finanzas personales para adultos". Al introducir palabras clave negativas, evitas que Amazon desperdicie impresiones y clics en clientes que buscan un género de libro diferente. Es útil mantener un documento con listas de palabras clave negativas para cada uno de tus libros. Cuando configures una nueva campaña publicitaria, puedes ingresar manualmente las palabras clave negativas escribiéndolas o copiándolas desde un archivo. Asegúrate de agregar las palabras clave negativas como Exacta negativa y Frase negativa para asegurar su exclusión efectiva.

Campañas

La siguiente sección que debes explorar es "Campaña", donde tendrás la oportunidad de elegir tu estrategia de oferta. Amazon ofrece tres opciones para que las consideres:

Ofertas dinámicas - solo hacia abajo: Con esta estrategia, Amazon ajustará dinámicamente tus ofertas hacia abajo en tiempo real cuando disminuya la probabilidad de que tu anuncio genere una venta.

Ofertas dinámicas - arriba y abajo: Optar por esta estrategia permite a Amazon ajustar dinámicamente tus ofertas hasta un 100% hacia arriba cuando aumentan las probabilidades de que tu anuncio resulte en una venta, y reducir las ofertas cuando estas probabilidades disminuyan.

Ofertas fijas: Esta estrategia mantiene tu oferta exacta y cualquier ajuste manual que hayas realizado, sin cambios basados en la probabilidad de venta.

Estas opciones te permiten adaptar tu estrategia de oferta según las condiciones cambiantes del mercado y la efectividad de tu campaña publicitaria en Amazon.

Para ejercer un control efectivo sobre los costos, personalmente prefiero utilizar la estrategia de ofertas dinámicas - solo hacia abajo. Al permitir que Amazon reduzca dinámicamente mi oferta o se mantenga dentro del límite que establezco, evito un gasto excesivo en anuncios.

En la sección de Configuración, comenzarás seleccionando un nombre para tu campaña. Puede ser el título de tu libro o un nombre descriptivo que te ayude a distinguir cada anuncio si planeas lanzar múltiples campañas para el mismo libro. El sistema no permite duplicar nombres de campañas. En mi propia nomenclatura, suelo seguir el formato "Nombre del libro - manual/PA/auto". Por ejemplo:

- Cetogénico (manual)
- Cetogénico (por producto)
- Cetogénico (automática)

Este formato claro y sistemático me ayuda a mantener organizadas mis campañas y facilita el seguimiento y la gestión de cada una.

En la sección de Fechas de inicio y fin, por defecto, la fecha se establecerá en el día en que crees el anuncio. Generalmente, es aconsejable dejar la fecha de finalización como "Sin fecha de finalización". Si necesitas pausar o detener el anuncio, es mejor desactivarlo directamente desde el panel principal.

La sección Mercado se configura automáticamente según el país de tu cuenta publicitaria. Por ejemplo, si tu cuenta está establecida en Estados Unidos, el mercado estadounidense aparecerá preseleccionado. Es recomendable enfocarse inicialmente en el mercado estadounidense, dado que es el más grande. Una vez que tu libro obtenga una tracción significativa y genere ingresos mensuales considerables (más de 500 $), podrás considerar ampliar tus esfuerzos publicitarios a otros mercados.

A continuación, es esencial que determines tu presupuesto diario. Se recomienda comenzar con un presupuesto conservador de 5 $. Si tu anuncio demuestra ser exitoso, podrás aumentar gradualmente tu inversión publicitaria.

Una vez que hayas finalizado con todos los ajustes, tendrás la opción de guardar tu anuncio como borrador o proceder haciendo clic en el botón azul, "Iniciar campaña", si estás listo para activarlo. Ten la seguridad de que puedes editar o finalizar tus anuncios en cualquier momento, así que no tienes que preocuparte si cometes algún error en el camino.

20

CONCLUSIÓN

El mundo de la autopublicación es un tesoro escondido para los autores independientes que están comenzando. Es un lugar donde puedes hacer realidad tus sueños editoriales sin la burocracia de las editoriales tradicionales. Además, tú llevas la voz cantante en tu viaje creativo y te quedas con una gran parte de los beneficios.

Pero recuerda que la autopublicación no consiste solo en plasmar tus pensamientos en papel. Implica tareas importantes, como formatear correctamente tus archivos, crear una portada llamativa y gestionar una estrategia promocional efectiva. Requiere tu tiempo y esfuerzo, sin duda. Sin embargo, con los prácticos consejos de este libro, te abrirás camino hacia el éxito financiero en el mundo de la autopublicación como un profesional.

Reflexionando sobre mi propia trayectoria, me di cuenta de que de mis primeros diez libros, solo uno de ellos tuvo éxito (generando más de 1.000 $ al mes). Guárdate esta lección. Puede que tu gran paso no llegue sino hasta que hayas escrito varios libros, y eso está bien. El único verdadero fracaso es rendirse. Persiste en tus esfuerzos y tus posibilidades de éxito aumentarán sin duda. Recuerda que este libro está aquí para guiarte y ayudarte a evitar los obstáculos que yo encontré. Esto debería acelerar tu camino no solo hacia el éxito, ¡sino también hacia ganancias monetarias!

Participa en la vibrante comunidad de autopublicadores que prospera en diversas plataformas en línea, como grupos de Facebook, canales de YouTube y comunidades en redes sociales. Descubre la invaluable sabiduría compartida por autores consumados que ya obtienen ingresos sustanciales mediante libros autopublicados. Mantenerse informado sobre el panorama en constante evolución es fundamental para no quedarse atrás.

En el mundo de la autopublicación, el éxito reside en el mantra de "escribe, publica, repite". Cuantos más libros pongas a la venta, mayores serán tus posibilidades de prosperidad económica y de construir una carrera como autor exitosa. Cada publicación contribuye a tu crecimiento como escritor, refinando el diseño de tus portadas y perfeccionando tu proceso editorial en general. Al compartir las valiosas lecciones que he aprendido, mi intención es allanarte el camino hacia el éxito en la autopublicación.

Para recapitular, recuerda los elementos esenciales de un libro exitoso:

1. Investiga para encontrar una palabra clave rentable.
2. Crea un esquema.
3. Redacta el libro o consigue un escritor fantasma.
4. Edita tu libro o consigue un editor.
5. Formatea tu libro o consigue un formateador.
6. Diseña la portada o contrata a un diseñador.
7. Sube tu ebook, libro de tapa blanda y de tapa dura a KDP.
8. Crea anuncios para tu libro.

¡Ha llegado el momento de que te embarques en tu propio viaje como escritor y aproveches la oportunidad de generar ingresos mediante la autopublicación de tus libros con Amazon KDP!

Todos los enlaces

Creación de cuenta KDP
kdp.amazon.com/signin

Sitio Web de KDSpy (software para búsqueda de palabras clave)
https://www.kdspy.com/

Visualizador BSR
https://chrome.google.com/webstore/detail/ds-amazon-quick-view/jkompbllimaoekaogchhkmkdogpkhojg

Generador de nombres artísticos o seudónimos
https://blog.reedsy.com/pen-name-generator/

Generador de portadas de libros de tapa blanda
https://kdp.amazon.com/en_US/cover-calculator

Software de diseño
www.canva.com

Software para formateo de libros
https://vellum.pub

Software de correos de marketing
https://app.convertkit.com/users/signup?plan=free-limited&lmref=Lz6sJQ

Anuncios de Amazon
http://advertising.amazon.com

100 Covers

https://100covers.com/

Upwork

https://www.upwork.com/

Fiverr

https://www.fiverr.com/

¡Gracias por leerme!

Si no es mucha molestia, ¿podrías tomarte un momento para dejar tu opinión sobre el libro dejando una reseña en el sitio donde lo adquiriste? Tu gesto será enormemente valorado y sinceramente apreciado.

www.ingramcontent.com/pod-product-compliance
Lightning Source LLC
Chambersburg PA
CBHW070127030426
42335CB00016B/2289